지상의 시간이
끝날 때까지

달빛문학회 제8집

지상의 시간이
끝날 때까지

제7집 출판기념회 & 제1회 영월어린이동시백일장 시상식

박소름 시인 - 제2집 〈달의 눈물〉 출판기념회

엄현국 시인 - 첫 시집 〈자유를 꿈꾸는 나비〉 출판기념회

한상대 시인 - 첫 시집 〈벼름빡 아고라〉 출판기념회

이달 시인 - 첫 시집 〈리라의 약속〉 출판기념회

문학기행 - 공주 부여 일대 문화유적 탐방

정든역 시인 - 첫 시집 〈꽃 피는 봄날〉 출판기념회

이정표 시인 - 제2집 〈정선역 가는 길〉 출판기념회

> 발간사

위로와 격려로 동행하는 동인으로 성장하다

첫 문집 발간 후 8년이 하루처럼 지난 것 같습니다.
12명의 회원으로 시작해서 이제 30여 명이 함께하게 되어 기쁩니다.

아직은 어린 나이의 문학회이고 동인지이지만,
해를 거듭할수록 풍성한 이야기의 문집이 되어가고 있습니다.
그냥 시간만 흐른 것 같은데, 조금씩 익어가는 글을 마주할 때마다
뭉클해지곤 합니다.

그 사이 많은 회원들이 어엿하게 등단하였습니다.
개인 문집을 발간하고 출판기념회를 하며, 서로의 성장을 지원하고,
지지하는 달빛문학회가 자랑스럽습니다.

사회적으로는 그동안 우리가 한 번도 겪어보지 못한
팬데믹도 있었습니다. 그로 인해 전 세계적으로 정치, 경제적인
어려운 상황에서 묵묵히 이겨내며,
시로 건강한 이웃이 되어 주고 있는 회원들께 감사드립니다.
더불어 8년을 한결같은 마음으로 지도해주신
김남권 시인님께 존경을 담아 감사드립니다.

늘 건강하고 더 좋은 글로 세상을 위로하고 격려하는
멋진 회원들 되길 기도합니다.
발간을 함께 기뻐하며 축하드립니다.

2024년 8월
달빛문학회 최문규 배상

차 례

8 발간사 최문규(달빛문학회 회장)

초대 시

◐ **김남권**
18 설 전날 저녁, 혼자 막걸리를 마시다
20 연어와 석류는 동족이다
22 사잣밥

회원시

◐ **김파란**
26 빛이 내게로 오다
27 욕망으로부터의 도피
30 각질의 슬픔학
31 유전의 법칙
32 천 년을 건넌 서동요

최문규
34 돌아오지 않는 소리
35 늦으면 할 수 있는 게 많지 않다
36 오만불손 & 오만불손
37 수세
38 기차 건널목에서 만난 고양이

최바하

- 40 봄, 한 꼬집
- 41 비밀통로
- 42 그녀의 보디가드
- 44 거짓말

곽지숙

- 53 실패 예찬
- 54 질문하기
- 55 마음
- 56 미니멀리즘 불가
- 58 천둥 치고 비 오고

원영신

- 68 손등과 손바닥
- 69 풀어져라
- 70 바람의 선물
- 72 내 세상은 온통 너에게 향해 있다
- 73 자기소개

김노을

- 46 퇴고
- 47 양날의 칼
- 48 밤의 화려한 탈출
- 50 이태원 메아리 2
- 52 우두커니

노재필

- 59 정도리 해변
- 62 어느 마지막 여행
- 64 열대야
- 65 빈집
- 66 장대비

이서은

- 74 경복궁 담장에 낙서한 철부지들에게
- 75 건지지 못한 부표
- 76 다음 혜빈은 없기를
- 77 18만 원어치 위로
- 78 안냐, 수의를 입는다

이경원
- 79 내려온 고향
- 80 신의 소리
- 82 청학동 식당에서

이정표
- 88 빈집
- 90 오빠
- 92 카페 S를 위한 시
- 94 설중매
- 95 감자옹심이

이수진
- 104 월급 들어오는 날
- 106 해방된 날
- 107 화이트 크리스마스
- 108 뒤돌아보는 자신에게
- 110 주부 파업

조인진
- 84 30년 이웃 벚나무
- 86 노년의 다섯 가지 삶

정라진
- 96 호수와 바람
- 97 사모곡
- 98 그대라는 비
- 100 밤에 쓰는 편지
- 102 행복한 하루

한상대
- 111 정자의 기억력
- 112 기억 도난사건
- 114 파리대왕
- 115 공범
- 116 꽃을 실은 트럭

김철홍
- 118 두부
- 119 오월의 밤비
- 120 코스모스
- 121 마지막 여행
- 122 회상

김설
- 123 구두
- 124 인공호흡
- 126 피치 페이스
- 127 10살 인생
- 128 인생 한 잔

엄선미
- 129 파워레인저
- 130 나무의 통점
- 132 고요하고 따뜻한
- 133 인연의 끝에 서서
- 134 기억의 향기

박소름
- 135 달의 갱년기
- 136 집 나간 부엉이
- 137 아버지의 바지랑대
- 138 엄마의 장칼국수
- 140 만항역, 꽃 사냥을 가다

정든역
- 141 안개비가 삼킨 별
- 142 바람은 바람
- 144 안깔맨
- 146 아버지의 체취
- 148 스멀스멀

강나루
- 149 엄마 생각, 꽃집 생각
- 150 간절한 기도
- 152 흔적 정리
- 153 이십일 세기 넝마주기
- 154 어머니의 국수 라면이 먹고 싶다

이순희

- 155 오늘
- 156 스마일 십자가
- 157 내 안의 나를 찾아
- 158 블링블링
- 160 9월이 울고 있다

이달

- 162 등을 읽었다
- 163 따뜻한 저녁
- 164 고봉밥
- 166 못질
- 168 11월이 오면

김봄서

- 169 생은 말로 다 설명할 수 있는 건 아니다
- 170 봄비 닮은 그녀
- 171 녹아내린 꿈
- 172 삶은 더도 덜도 아닌,
- 174 눈물의 역할

박여롬

- 175 산골 살이 그녀
- 176 우산, 꼭 챙겨야 해
- 178 장미의 꿈
- 180 첫 대면
- 182 참 좋은 친구

엄현국

- 183 모기
- 184 낙엽처럼 떠나야 한다
- 186 회상 1988
- 187 돌이켜 보면
- 188 낸들 어찌 알랴

이우수

- 189 본인의 위대함
- 190 조급함의 절정
- 191 돈의 반대편에서
- 192 풀이 움직이는 만큼의 몸짓
- 193 '현재의 풍만함'이라는 꿈

박희영

- 194 연시
- 196 사진
- 198 나는 바위다
- 199 봄의 대화
- 200 두부

박무릇

- 201 갈바람
- 204 가을엔
- 206 산촌 마을에서
- 208 주마등
- 210 강천사

손재연

- 213 완택산
- 214 긴 이별
- 215 그날의 보리개떡
- 216 전하지 못한 메시지
- 218 망상

특집 시

- 221 제2회 영월군 어린이 동시백일장 공모전 수상작

초대 시

김 남 권

설 전날 저녁, 혼자 막걸리를 마시다

설 전날 저녁, 불교방송 저녁 예불 소리를 들으며
혼자 막걸리를 마신다
부모은중경을 독송하는 스님의
예불 소리를 듣다가 가슴이 뜨거워졌다
부모의 은공을 갚으려면
오른쪽에 아버지를 업고 왼쪽에 어머니를 업고
수미산을 올라야 한다는데
살아서 불효한 죄를 가슴에 묻어 놓고
홀로 막걸리를 마신다
가족이란 모름지기 지지고 볶아도
명절에 떠들썩하게 모여 앉아
지나간 사연들을 쏟아놓으며 웃음보따리를
풀어 놓아야 하는데,
오는 이도 없고 갈 곳도 없이 날이 저물었다
밖은 어두운 데, 바람도 없다
떠나는 길이 천도千到에 도달하면
묵은 혼도 천도天道 될 수 있을까
팔만사천 지옥을 돌아,

별이 새벽을 씻는 아침이 오면
흰 무리가 마중 나와 있는 숲속을 걸어가야겠다
별이 지는 방향으로 꽃잎이 지는 것처럼

연어와 석류는 동족이다

바닷속 깊이 들어갈수록 숨비소리는 길어진다
가슴 깊은 곳, 오랜 그리움을 키우느라
심장이 터진 여자의
핏줄은 석류가 되었다
알알이 연어의 심장에서 꿈을 꾼 씨앗들,
기수*에 머문 백 일을 기억하고
알래스카로 향했다
그렇게 오 년을 떠돌다 고향으로 돌아왔을 때
씨앗의 냄새를 기억해 내고는
강바닥에서 마지막 숨을 다해 뛰어올라
바다 냄새가 담긴 석류 알을 쏟아놓았다
석류의 빛깔을 기억하는 연어는
최후의 핏줄을 끌어모아 물속에 불을 놓았다

* 민물과 바닷물이 만나 머물다 가는 곳

다시 봄이 오면 석류 가지엔 연어가 달리고
오대천엔 새로 눈을 뜬 연어들이
눈부신 비늘을 반짝일 것이다
우리 어머니 마지막 소풍 떠나시던 날
알알이 붉은 조등 길목을 밝혔던 것처럼,
걸어가는 발자국마다 어린 석류가 꼬리를 흔들며
나를 따라올 것이다
오늘 저녁, 비로봉에 올라
연어의 목을 쳐야겠다

사잣밥

할머니 이승 떠나시던 날
문밖을 기웃거리던 짐승이 있었다
몇 날 며칠을 굶었던지
눈은 퀭하니 십 리는 들어가고
허리는 굽은 채 끈 떨어진 갓을 쓰고 있었다
어머니는 작은 소반에 밥 한 그릇을 담고
나물 몇 가지와 전을 담고
동전 세 개를 담아 대문 밖에 내놓았다
밤새 달빛이 먼저와 입맛을 다시고 가고
새벽녘 첫닭이 울었다
문밖을 기웃거리던 짐승은 어느덧 자취를 감추고
어머니의 소반에 담겼던 음식도 사라졌다
우리 할머니 지금 어디쯤 가셨을까
배는 곯지 않으셨을까
살아서 오르내리던 대금이 고개 어디쯤
나를 마중 나와 계실까

회원 시

빛이 내게로 오다

김파란

내가 그대를 온전히 사랑하는 줄로만 알았습니다
그대가 나를 완전히 이해하고 있는 줄은 몰랐습니다

내가 그대를 받아 자라게 하는 줄로만 알았습니다
그대가 나에게 뿌리를 내리고 꽃을 피우는 줄은 몰랐습니다

나의 언어가 그대를 행복하게 하는 줄로만 알았습니다
그대의 수많은 표정이 나를 역동케 하는 줄은 몰랐습니다

한순간도 포기하지 않고 살아가게 한다는 것을
허공 같은 나의 빈 눈동자를 그대가 채워주고 있었다는 것을

그대가 나의 보물이자 선한 스승이었다는 것을
그대의 미소를 보고 너무 늦게 알아버렸습니다

욕망으로부터의 도피

사람들이 쏟아져 사거리로 달려 나옵니다
이 많은 사람들은 어디로 가고 있을까요
답해주는 이 하나 없습니다
사방에서 몰려와 대로를 따라 달려갑니다
앞서거니 뒤서거니 하면서 장엄한 표정으로
앞만 보고 달려갑니다
서로 앞서서 달리려고 몸싸움까지 합니다
나도 호기심에 넋이 나간 듯 따라갑니다
한참을 달리니 발바닥에 통증이 느껴집니다
낡은 신발이 버티지 못하고 끊어졌습니다
맨발로는 뛸 수가 없어 조심스레 걸어봅니다
많은 사람들은 무엇에 홀린 듯 뛰어갔고
걷는 내가 성가신 듯 툭툭 치고 지나갑니다
몸뚱어리가 먼지를 하얗게 뒤집어썼습니다
사람들이 버린 병 조각이 발바닥에 박히고
뾰족한 돌멩이에 채여 피가 흥건하게 납니다

더 이상 사람들 사이에서 뛰는 건 어리석은 일입니다
자세히 보니 나처럼 상처를 가진 사람들이 많습니다
해진 신발을 질질 끌며 쫓아가는 사람도 보입니다
대로 옆으로 난 오솔길을 따라 혼자 걸어갔습니다
길을 따라 한참을 걸으니 시냇물이 보입니다
작은 새들이 냇물 위에 한가로이 떠 있습니다
다섯 마리 청둥오리 정겹기도 하고 사랑스럽기도 합니다
자세히 보니 먹이를 찾아 물속으로 수없이
숨을 참고 입수하는 그 모습이 애잔합니다
가여운 마음으로 다시 숲길을 따라 걸었습니다
생강나무 박달나무 자작나무 명자나무를 지나
시원스레 흐르는 강물이 보입니다
발을 씻으러 절뚝이며 강가로 내려갔습니다
강물 바닥이 새벽 별빛처럼 반짝입니다
해거름 빛이 물결과 만나 긴 은하수 꼬리를 만듭니다
이토록 맑은 물, 속이 훤히 보이는 물이 있을까요

물속에 있는 검정 조약돌과 눈이 마주쳤습니다
할 말을 잃고 서로 바라보았습니다
심연의 밑바닥에서부터 마그마처럼 막 솟구치는 것이 있었습니다
토물처럼 쏟아져나오는 울음,
오랫동안 그렇게 미친 듯이 울었습니다
뜨거운 눈물이 찬 강물과 하나 되어 세차게 흘러갔습니다
얼마나 시간이 흘렀을까요
사방이 은빛으로 변했습니다
영혼에 쌓인 오물을 내어 버렸더니 한결 몸이 가벼워졌습니다
이제 멀리 보이는 저 별을 따라 길을 떠나야겠습니다

각질의 슬픔학

눈물은 눈에서 만들어지는 것이 아니다
눈물은 사람의 뒤꿈치에서 만들어진다
나무의 뿌리가 땅속 깊은 물을 끌어 올리듯
사람의 뒤꿈치는 직립보행하는 순간부터
삶의 기억을 차곡차곡 뒤꿈치에 모은다
기쁠 땐 중력의 힘을 벗어난 가벼운 무게로
절망을 경험할 땐 중력보다 큰 천근의 무게로
경건한 순간엔 뒤꿈치를 바짝 세워 신과 사람을 받든다
부모의 뒤꿈치는 자식을 기르고 애달피 삶을 살아내느라
미리 물을 다 끌어 써서
수분이 빠진 메마른 논바닥이 된다
쓸어내고 쓸어내도 하얗게 붙어있는 각질은
뒤꿈치를 수만 번 돌다 나온
눈물이 만든 슬픔의 찌꺼기인 것이다

유전의 법칙

엄마! 엄마!
갓 태어난 병아리처럼
연신 쫓아다닌다

오물오물 먹이를 먹고는
샛노랗고 둥근
햇살을 삼키고는
반짝이는 빛을 털며
코앞으로 다가온다

어여쁘다
햇살 품은 작은 보름달 하나

내 속에서 나왔으니
아 아
나도 어둠 속에서 빛났던
아름다운 옛 별이었단 말인가!

천 년을 건넌 서동요

다 걸고 사랑한 적 있었던가
신분의 높음을 뛰어넘고
나라의 역적을 용서하며
누군가를 사랑한 적 있었던가

목숨을 건 사랑은
죽었어도 살았어도 그대로여라

세상을 건 사랑은
잃었어도 얻었어도 그대로여라

궁남지 노란 꽃창포에 새겨진
서동과 선화의 노래가
천년을 휘돌아 귓가에 일렁인다

누구도 떼어내지 못한 사랑은
억겁의 시간이 흘렀어도

그대로 사랑이어라
그대로 사랑이어라

돌아오지 않는 소리

최문규

떨어진 꽃 품고
머문 듯 흐르는
백마강은 고요하다
강가 버들잎만
소란에 스러져 가고 떨어진 그날을
비바람 소리처럼 전해 준다
강물에 눌려 돌아오지 못하는
물속 깊은 소리, 사비의 물결 깨어나
미루나무 잎을 흔들었다

늦으면 할 수 있는 게 많지 않다

비를 품고 잔뜩 웅크린 잿빛 하늘,
병원 건물 위로 곧 쏟아질 것 같았다
창백한 복도 끝 수술실로 그녀를 보내놓고
아무것도 할 수 없는 무능과 죄책감으로
결국 내가 먼저 왈칵 쏟고 말았다

암세포가 자라며 그녀의 폐부를 공격하고 있었다
이런저런 말 못 하고 삼킨 옹이가 박히는 동안,
사랑한다면서도 아는 체하지 못하고
방임한 죄가 크다

지난 서른두 해 언제나 곁에서 기다려 준 그녀가,
어느 날 훌쩍 영원히 날 떠날지도
모른다는 두려움이 짓눌렀다

고통을 덜어줄 수 없다면 알아차려 주고
이제라도 좀 더 함께하고 싶다고 선처를 빌었다
늦어버리면 할 수 있는 게 많지 않다

오만불손 & 오만불손

기가 차다,

숫자로 위장한 것이 계산상 맞아 보일지라도
흐트러진 위선은 어찌할 것인가,

보이는 건 '정의'라는 이름으로 가장했지만
가슴 가득 담긴 '불의'는 어떻게 하려나,

완장도 감당할 준비 없이 찼으니,
무지막지 휘두른 팔에 무고하게 죽어가는
넋은 어이 달래려나,

수세
- 동짓날

이 밤을 붙잡아 맨다고
세월을 잡을 수 있다면,
소식蘇軾*을 깨어
팥죽 한 솥 끓여 놓고
함께 수세守歲**를 다루자
뱀의 몸뚱어리 절반 안 되게 보여도
그 꼬리를 잡아매자
새벽닭 울지 못하게 목을 비틀고,
북채를 빼앗아 감추고,
등잔 심지 한껏 빼어놓자
오늘 밤 힘 합쳐 지키며
눈썹 세도록
성성함을 자랑해 보자

* 송나라의 관료이자 시인
** 1062년에 소식이 지은 한시

기차 건널목에서 만난 고양이

늙은 건가, 병 들었나?
기찻길 건널목 위 고양이 한 마리,
차례대로 차들을 세워놓고
아랑곳하지 않은 채 곁눈질도 없이
대놓고 느린 걸음을 옮긴다

세상을 보기 싫은 걸까
쳐다볼 힘이 없는 걸까,
보험금 타서
새끼들 먹여 살릴 것도 아닐 텐데,
세상 무서운 게 없는 거였으면 좋겠다

보험금 타서 새끼들 옆에 놓고 가려던 생각한 적이 있었다
막다른 골목에선 아무것도 안 보이고 아무 생각도 안 들었다
그림자도, 발자국도 어디에 두었는지, 그랬었다
정신 차리고 보니, 상황은 여전하지만 무서울 건 없다
다섯 아이가 있고 나는 그 아버지다
막연해 보일 수 있지만 주어진 것에서 열심히 산다

다행히 내 차가 맨 앞에 있어서
고양이가 건널목을 다 건너는 동안
기다려 줄 수 있었다

봄, 한 꼬집

최바하

질퍽한 봄날
흙투성이 신발 뒤축에
붙어온
연분홍 꽃잎 하나

내 고단한
춘사에
고운 위로
한 장 보내왔구나

비밀통로

카트를 밀고 가다
보송보송한 복숭아 옆에
때 이른 시퍼런 풋사과가 놓여있다

시큼한 살 냄새가 난다

과일은 줄기에도 그 맛이 난다
뿌리 저 아래에서 시작된 이것은
몸통을 지나면서 무엇을 내어
하얀 그 즙을 취했을까

어린 날 따라가 새벽녘 밤을 줍다
곰보 가득한 딱딱한 산 사과를 비틀어 따주던
마디 굽은 손가락이 그것이다

젖니가 다 올라와도 막내에게 늦도록
쪼그라든 젖꼭지를 물려준 그 통로엔,
비밀처럼 풋사과 맛을 닮았다

그녀의 보디가드

신북 지내리 골짜기 아래에
한평생을 홀로 리어카를 끌며
장사를 다녔던 그녀가 있다

무릎보다 높은 문지방 넘어
기울어진 벽에 기대어 앉아 찾아온 사람
처음 보듯 궁금해 또다시 묻곤 한다

집을 고치려 십 년도 넘게 모아둔 큰 쌈짓돈을
절박한 이웃에게 빌려주었던 그날,
그들은 야반도주를 했다

그 망실이 가슴 길 통로를 막아
고혈압 병을 얻고
귓소리마저 멀어졌다

어제보다 이십 년 전 일을
또렷이 이야기하며
툇마루 밖의 기척을 자꾸 기다린다

붙잡힌 기억은
기어코 지워지지 않는 흔적이 되었다

대문이 없는 싸릿대 울타리 끝엔
낡은 리어카 한대가 세워져 있다
나이 든 그만이 변함없이 그녀를 지키고 있다

거짓말

그대는
알맹이로 꽉 차 있었나요
난 그리는 못 살겠네요

내 껍질 안에는 아직
매달지 못한 무정한 인자들 밖에 없어
버리지를 못해요

그대를 밟고 간
흙 가슴 아래서
금강의 꽃씨가 피어납니다

그 향기 나비가 되어
내 어깨에 내려 온데도
난 또다시 겁이나 모르쇠입니다

준비 안 된 이별은
온전히 내 것이 아니기에

떠날 수가 없습니다

벗겨질 이 껍데기마저
내겐 고마움입니다

그러니 나중에
붉은 하늘 밭에서 푸른 쇠꽃이 피거든
그때, 이 껍질 벗고서 달려가겠습니다

* 신동엽 문학관에서

퇴고

김노을

전하고 싶은 말이 있어
두서없이 쏟아 냈다가
다시 주워 담는다

알록달록 곱게
포장도 해보다가
그래도 맘에 들지 않아
풀어헤치고 자르고 깁고
예쁜 단추도 달아본다

옹골진 하나를 완성하기 위해
몇 날 며칠을 어르고 달래도
나를 닮은 너는
아직 미완성이다

양날의 칼

언제나 마지막은
양날의 칼이다

마지막이라는 것은
언제 어디서나
시원섭섭하더라

바빴던 시간도
마지막에 묻히고
좋았던 시간도
마지막이 삼켜버렸다
목구멍이 포도청이라
시간 위에서 서성이던
밀린 숙제 같은 감정을 쏟아놓는다

차디찬 겨울비에
침묵의 시간들을
싹둑 잘라 내고
내 안의 나를 보냈다

밤의 화려한 탈출

불빛들이 깊이 잠든 시각
지구 탈출을 위한 전주곡이
점점 가까이 들리는가 싶더니
잠잠해졌다

추적추적 내리는 가을비에
버티다 버티다 못해
시간을 놔버린 것일까

구급차 불빛이 희번덕거리며
좁은 아파트 주차장을
곡예 하듯 빠져나가고

집채만 한 사다리차
또 다른 지게차
지휘 차
경찰차

당신은 누구시길래
이 야심한 밤에 이렇게
큰 후광을 받으며
꼭 가야만 했을까요

이태원 메아리 2

길 잃은 이태원의 목소리는
아직 돌아오지 않았다

그곳에서는
소 잃고 외양간 고치는 일마저
남의 탓으로 돌리고
그 맑은 꿈들과
그 높았던 청춘의 기운들을
좁은 골목길에 가두고
아무도 책임지지 않았다

네 아들이라면
네 딸이라면
네 동생이라면
네 핏줄이라면
그럴 수 있을까

이태원에는 아직도
집으로 돌아가지 못한
영혼들이 백육십 명이나 남아 있다

우두커니

우두커니 정지된
시간들이 늘어나고 있다

수만의 실타래가
엉켜버린 것일까?

고달픈 삶의 궤적 때문에
외로움 울어주는
욕심마저 놓아버린 것일까

복잡한 관계들로
얽히고설킨
호흡 없는 공허가 밀려온다

실패 예찬

곽지숙

아무것도 하지 않으면 경험할 수 없는 특별한 것
삶을 다시 세우기 위한 토대

마이클 조던은 9,000개 이상 공을 넣지 못했고,
300경기에 지고, 26번의 승리 골 기회를 놓쳤다
거스 히딩크는 축구가 실패투성이의 게임이라고 한다

골을 넣기 전까지 시도한 모든 실패
실패하고, 실패하고, 또 실패했다

토머스 에디슨 67세, 화재로 전소된 실험실에서
실패들이 날아가고 새롭게 시작하게 한 신께 감사
인생에서 실패한 사람 중 다수는
성공을 목전에 두고도 모른 채 포기한 이들이라고 한다

실패하고, 실패하고, 또 실패하자

질문하기

그 누가 대신할 수 있는가?
나의 삶
나의 길

수많은 길 중 단 하나의 길
가로질러 갈까
돌아서 갈까
함께 갈까
혼자 갈까
멈출까

그 누가 대신할 수 있는가?

마음

수선해서 다시 쓰기를 반복한다
이리 보고, 저리 보고
매만지고, 손질하고, 기우고

오늘도
상처와 행복, 사랑과 미움을 잇는다

미니멀리즘 불가

추억과 세월이 담긴 것들이
공간을 가득 채우고 있다
세상에나 이렇게 훌륭한 자원들이
퇴직만 하면 다 자원으로 쓸 예정

이것은 나누어서 가방 두 개 만들고
조것은 잘라서 다른 것과 이어 붙이고
저것은 다듬어서 구멍 난 틈을 메꾸고
그것은 합해서 이렇게 하면 특별해지고

새롭게 태어날 것들이
눈앞을 가득 메우니
저마다의 이유로
헤어지는 것 불가
버리는 것은 자원 낭비

일침
사람이 아닌 물건이 사는 공간
결핍과 욕망이 뒤엉켜
미니멀리즘 불가

천둥 치고 비 오고

백성의 소리는 천둥이고
백성의 눈물은 비라고 노래하던 이가 있다
비는 고통의 시기를 끝내는 행복의 약속이라는데

나는 천둥을 기다리고
이 비 그치기를 기다린다
내리는 비의 슬픔을 넘어 행복의 빛을 볼 수 있기를

사각거리는 바람에 들려오는 소리
숨길 수 없는 마음을 실어본다

정도리 해변

노재필

땅끝마을 완도 정도리 구계등은
바다와 육지 사이에 아홉 계단이 가로막고 있다고 붙여진 이름이다
바다는 매일 육지에 오르려 하지만 아홉 계단은 쉽게 허락하지 않는다
늙은 장인어른은 발을 끌면서도 바다가 보고 싶다고 하였다
그와 나는 이것이 마지막 여행이라는 걸 직감했다
우리가 처음 함께 여행했던 정도리 해변, 그곳이 궁금하셨으리라
오늘도 정도리 바다는 육지에 오르려 파도를 밀어 올리고
육지에 닿지 못한 거품은 몽돌해변 위에 시퍼렇게 누워 있었다
바다는 육지를 그리워하여 애써 오르려 하고
장인은 해변에 서서 시간의 매듭을 풀고 있었다
바다와 육지 사이에는 침범할 수 없는 시간의 경계로 가득했다
하루에 두 번씩 바다 소식을 전하러 오는 밀물도
육지의 시름을 내보내는 썰물도
귀가 어둡고 느린 걸음 앞에서 모두 멈춰 서 있다
저만치 바다에 봄볕이 떨어진다
바닷속에선 미역이 봄볕을 먹고 자라고,
전복은 그 미역을 먹고 자란다

4월의 바닷가 미풍 같은 걸음이 왜소해진 인생을 조금씩 끌고 간다
한평생 살아온 그의 내력이 어깨 위에 수북이 쌓인다
한 손은 힘겹게 허리를 짚고 다른 한 손으론 지팡이를 의지한 채
눈부신 저녁 해를 지고 가는 마지막 여행길
나는 그의 등 뒤를 따라가며
바닷속으로 서글픈 마음을 하나씩 던져 넣었다
더 이상 서두를 것도 없어 느릿느릿 나아가는 그가
이 짧고도 긴 정도리 몽돌해변을 다 걸어낼 수 있을까
지나온 날들과 얼마 남지 않은 날이 쏴 하고 한꺼번에 밀려온다
다 큰 자식 생일에도 꼬박꼬박 용돈 10만원을 보내고
한 번씩 찾아가면 꼬깃꼬깃한 쌈짓돈을 찔러주더니
이제 남은 모든 것을 저 바닷속 미역에게라도 주려는 것일까
나는 이렇게 그의 등 뒤를 따라가는 것으로
정도리 해변 우리의 시간을 마무리해도 되는 것일까
구계등은 세월에 닳아 이제 세 계단만 오르면 육지에 다다르지만
그와의 거리는 아홉 계단보다 더 멀어져가고 있었다

그날 바닷가 펜션으로 돌아온 우리는
마지막 저녁을 준비해 별말 없이 나누어 먹었다
쓰고 남은 종잇장처럼 가벼워진 인생이
TV를 틀어놓고 바다와 나란히 앉아 파도 소리를 들었다
오늘도 정도리 앞바다는 누군가의 육지에 오르려 하고
천만년 닳아진 몽돌은 토닥토닥 내리는 어둠 속을 지나
그가 다녀간 발자국을 지우고 있으리라

어느 마지막 여행

병원행은 그의 마지막 여행이었다
영월에서 급히 출발한 호송차가 제천에 도착했을 때
손 쓸 것이 없으니 원주 큰 병원으로 가라고 했다
노란 금계국이 흐드러진 38번 국도를 달릴 때
그의 소지품이라곤 얼굴에 핀 황달과 차오른 복수뿐이었다
도착하자마자 응급실 간호사가 묻는다
"수술한 적 있어요? 드시는 약은요?"
사내는 모든 것이 귀찮은 듯 쏘아붙인다
"뭐 가는 데마다 똑같은 걸 자꾸 물어봐"
나는 보호자란에 '환자의 교도관'이라고 적었다
비치배드 같은 병상에 사내가 널브러지자마자
목이 마른 그의 팔뚝이 수액을 들이키기 시작한다
어둠이 내린 원주 기독병원 응급실
속이 훤히 들여다보이는 어항 속
여러 모양의 물고기들이 헤엄쳐 다니고 있다
"지나고 보니 사는 게 별거 없죠?"
위로랍시고 한마디 던져놓고
나는 긴 침묵을 동여매어 허공에 걸어두었다

가끔 구급차가 도착해 안부를 묻고 갈 뿐
그의 마지막 여행지는 언제나처럼 외딴섬이다
간암 말기라는 소인이 찍힌 진단서가 배달되었다
밤은 깊고 그의 눈은 그렁그렁하여 아침은 더디 오고 있었다
그를 남겨두고 영월로 돌아오는 길
어둠은 수척하게 내려앉아 있었다
붉은 달이 내내 어둠을 푹푹 밟으며 집까지 쫓아왔다
달빛 아래 병상 만한 매트리스를 깔고 그의 옆에 누웠다
물젖은 과거들이 새벽까지 매캐한 연기를 피워 올리고
그의 얼굴에서 자꾸 나의 얼굴이 보였다

열대야

풀 향기 훗훗한 밤
습한 열기에 취한 담벼락이
축 늘어졌다
살갗에 끈적이는 선잠이
밤새 엎치락뒤치락
목이 허옇게 쉰 안개를 끌고 간다
허기진 골목으로
새벽이 고개를 쳐들고 밀려오고
개 짖는 소리에 놀란
어둠이 후다닥, 꼬리를 감췄다

쉬다

빈집

16살 누나가 수국을 따라 집을 나간 후
빈집은 반송된 편지처럼 기다렸다

싸리꽃이 피면 귀를 쫑긋 세우고
온종일 싸리문 밖을 내다보았다

가을 햇살이
툇마루에서 쓸쓸히 머물다 가는 것을
우두커니 지켜보았다

집 모퉁이에서 목을 빼고
우체부를 기다리던 소국이
노랗게 늙어가고 있었다.

장대비

팽팽했던 오후가 침묵을 깨뜨렸다

연일 35도를 오르내리는 날씨 덕분에
아스팔트에
운동화 밑창이 끌려 나왔다

하늘에 쏘아 올린 시름들은
중력을 견디지 못하고
뚝 뚝
제 몸을 던지기 시작했다

감자잎이 놀라 파르르 떨고
옥수수 대궁은 팔을 벌려 춤을 춘다

얼마나 참았던 눈물인가

가슴 속 격정을 대지 위에 토해내고
새로 태어나기 위해

어둑신을 불러들여 굿판을 벌이는 대낮

계곡마다 모시 적삼 흰 수건을 걸어놓고
닦아도 닦아도
끝나지 않고 공중을 가득 메우는 무당의 춤사위

바닥을 차고 뛰어오르는 빗방울에
쪽빛 여름이 깊어간다

손등과 손바닥

원영신

입장 차이라는 건
결국
손바닥 뒤집기 같은 건데
손등을 보기까지
너무
오랜 세월이 걸렸다

풀어져라

[변기가 막혀요 휴지는 휴지통에 넣어주세요]

제길
새집에 갈 때는
물에 잘 녹는 휴지로
들고 가세요
막히지 않게
잘 풀어지게

바람의 선물

선생님 수술 잘 받으시길 기도할게요
건강한 모습으로 다시 만나요

참으로 작지만 사랑의 마음을 담았어요
받아주시면 감사하겠습니다
임마누엘

2024년 2월
발목분쇄골절 핀 제거 수술하러 가는 날

선생님 여행 잘 다녀오세요
작지만 커피 한 잔 하시고 오세요
곁에 계셔 주셔서 행복합니다
늘 주님이 함께하실 것입니다
임마누엘

2024년 3월
랑님과 남해로 2박 3일 여행가기 전날

아로마 향이 풍기는
그대의 입술에서 나오는 입김과
그대의 손에 쓰여진 펜의 흔들림과
그대의 포옹 속에서 나부끼는 옷자락에
부는 바람을 봅니다

내 곁에 머무르며 삶의 온기를 불어넣고
꿈꿀 수 있게 해줘서
고맙습니다
사랑합니다

내 세상은 온통 너에게 향해 있다

너를 첨 본 순간 너의 뒤에서 광채가 났어
퍼즐에 껴 맞춘 듯 공통분모가 있어서일까
구석진 자리에서도 끌림이 느껴졌어
흔들리는 나의 눈빛을 너도 봤을까
수줍은 듯 다가서는 떨리는 너의 목소리
그 떨림에 떨림이 깊어졌지
너를 잡기로 결심한 순간
나의 모든 것을 너와 함께 공유하고 싶어졌어
너와 같은 시간을 누리고 싶고
너와 같은 공간에 머물고 싶고
너와 같은 느낌을 가지고 싶었어
너와 하는 그 모든 것이
내 전부였으면 좋겠어
태초에
아담과 이브가 있던 그때처럼

자기소개

이름? 신이
나이? 아직 쓸만해요
키? 없음
몸무게? 체중계를 부수고 싶을 만큼
MBTI? ESTJ(이 새퀴 또 지랄)
가족관계? 가족끼리 그러는 거 아니야
주소? 그만 먹어도 되겠군 더 먹으면 터지리

경복궁 담장에 낙서한 철부지들에게

이서은

벽이 사라졌다
한 번도 가보지 못한 별나라 instagram과
더듬어 보지 못한 얼굴이 난무한
얼굴 책장 facebook만 넘기며 서 있다
낙서만 해도 손뼉 치던 사람들은 골목으로 사라졌다
무너진 담벼락 사이로 다시 흰 도화지를 마주할 수 있을까
붓 대신 신사임당 이마를 얄팍한 주머니 속에서 굴리며 외쳤다
'그저 예술을 한 것뿐이라고'

건지지 못한 부표

귀신 잡는 해병이 되고 싶었다
인간의 탈을 쓴 귀신이 더 많은 세상에
기꺼이 한 길, 사람 속으로 뛰어들었다
잡을 수 없는 귀신이 훨씬 많다는 걸
알려주는 사람은 그곳에 없었다
내성천에는 빨간 구명조끼만 떠 있었다

다음 혜빈*은 없기를

피해자보다 가해자가 주목받는
희한한 시절에도 가을은 온다
세상이 주신 모든 것에 감사하다는
미술을 사랑한 꽃다운 20살,
그 이름을,
어떻게 잊을 수 있을까
'20살 김혜빈을 더 기억해주세요'
글귀만이 그리다 만 그림처럼 번지고 있다

---

*혜빈 – '분당 흉기 난동 사건'의 피해자. 2023년 8월 3일 피의자 최원종이 몰고 인도로 돌진한 차량에 치여 뇌사 상태로 연명치료를 받아오다 25일 만에 숨을 거뒀다.

18만 원어치 위로

'사흘을 굶었는데 국밥 한 그릇 사주실 수 있나요'
주린 배를 부여잡고 마지막으로 키보드를 두들겼다
텅 빈 창자처럼 세상을 향한 발걸음도 끊어진 지 오래되었다
당신이 설마 사기꾼이라 하더라도 국밥 한 그릇은 사주고 싶다며
직접 전화를 걸어 따뜻한 말 한마디와 함께 돈을 보낸 사람부터
겨울 패딩을 보내준 사람
일자리를 소개해 준 사람
계좌로 현금을 송금해준 사람들까지
지폐로는 바꿀 수 없는 온정이 남자의 겨울을 데우고 있다

안나, 수의를 입는다

안나가 걸어 들어왔다
쇼호스트의 유혹에 넘어간
가난한 시인의
옷장까지 도착했다
낡은 가죽 지갑에 잠자던 플라스틱 몸값을
확인해야 했던 주말 저녁,
원하던 옷 색깔 선점은 할 수 없었지만
옷장 속에서 가장 비싼 옷이 될 것은 확실하다
메모도 잊지 않았다
제발, 누런색 수의만은 입히지 말라고
봄볕 머금은 재킷을 걸치고
현관을 나선다

내려온 고향

이경원

머얼건 국수에 손으로 뚝뚝 끊어
넣으면 괴기 맛이 났다
흰 밀가루에 반죽을 하면
엿가락처럼 늘어져
몸매도 일품이었다

쑥버무리, 찐감자와 강냉이죽이
아직도 트라우마로 남아
위장에서 트러블을 일으킨다
내 아배 평창이씨의 은덕인지
바다에 사는 고성 사내를 만나,
텃세로 이름난 횡성 갑천에서
자리를 잡았다.

신의 소리

풀잎 이슬이
햇살을 마주하기 전
목탁 반주에 맞추어
동굴보이스가 들려온다
어둠에서 빛으로 이끈다

주말마다 오르간에 맞추어
할렐루야를 외치는 소리들,
내 마음은 흥분이 되지만
이내 잠이 든다
플랫의 축원이
귓가를 맴돈다

깨어나 보니
사바세계를 연민하는
시인의 노래가
오라클*로 들린다

*oracle, 신의 메시지

청학동 식당에서

이면수 반찬에 교주交州* 된장국을
기다리는 사람은
금테안경을 사이에 두고 시선이 넘나들고 있다
맞은편 곱슬머리에
노오란 잠바의 여인은
다가오는 시선에
명상하듯 동공이 흔들리지 않고 있다

애꿎은 식탁을 쳐다보다가
그래도 애처로워 한번쯤 받아주길
기대하지만,

끝내 마주치지 않고 허공만 가른다
내가 옆으로 지나가려고 하자
당연하다는 듯이 의자를 당겨준다

*영서지방의 옛말

실타래 같은 세월을
이면수 한 접시에 시름을 풀고
텁텁한 된장이 입가심이 되어주고,
묵은 시래깃국이 삶의 입맛을 돌게 한다

30년 이웃 벗나무

조인진

꽃샘추위 속에서
봄이 노크를 합니다

아침에는 싸늘하고
한낮에는 온기로 가득 채워줍니다

저녁에는 겨울과 봄이 사이좋게
동거를 합니다

겨울과 봄
침묵 속
벚꽃나무의 환한 미소를 봅니다

사계절 변화의 시간을
소리 없이 담아 봅니다

바라봄과 침묵으로
모든 것을 소리 없이
품어 줍니다

노년의 다섯 가지 삶

무엇이 자신을 지키는가
감사하는 마음

무엇이 건강을 지키는가
활동하는 것

무엇이 빛을 발하는가
독서하는 것

무엇이 나를 본받는가
섬김을 실천하는 것

무엇이 시간을 줄여주는가
이웃과 함께 나눔을 행하는 것

나이가 들어가는 것은
나를 내려놓고
나를 돌아보며
타인을 행할 때 빛이 난다

빈집

이정표

붉게 녹슨 대문은
여러 해 할 말이 없어져
꽁꽁 입을 닫고 말았다

오래된 적막은 집 나간 주인 대신
문패 끝에 곰팡이를 불러들였고

담벼락 성긴 구멍 사이로
비를 머금은 바람이 여름을 데려왔다

홀로 살아남은 삼베보자기
불 꺼진 아궁이 앞에서 꿈을 꾸고
허물어진 벽장에는 실 뽑는 과부 거미가
빈집을 총총 지킨다

별빛 부서져 내린 마당에
발바닥이 빨간 무당개구리 한 마리 울고
흑단 까마귀 들창 밑에서
젖은 휘파람 불면
낮게 웅크린 절망은
고독한 이름 폐허廢墟가 되고 말았다

오빠

차도 없고 운전도 못 하는 상등신이
용케 서울 가는 버스는 탈 줄 알았다

잿빛 근무복을 입고 번쩍이는 염주를
쉬지 않고 굴리시는 스님 한 분이 내 옆에 앉으셨다

몇 살인지 어디 사는지 무슨 일을 하는지
서울은 무슨 볼일인지 쉬지 않고 물어신다
염불 외듯 끝없는 질문을 하셨지만
도 닦듯 모른 척 눈 감고 세 시간을 버텼다
버스가 동서울터미널에 사람들을 부려 놓았다
내내 답을 피한 결례를 마지막 합장으로
옆자리 연連의 예를 다하려 했는데

"어려워 말아요 담에 만나면 오빠라고 불러도 돼요"
○○암자 □□주지
금색 활자가 눈이 부신 명함을 주셨다

팔자에도 없는 스님 오빠가 생겼다
오빠라고 부르지 못할 건 또 무엔가
옵~파 황공하옵니다

카페 S를 위한 시

그대 시름일랑 벗어두고
카페 S로 오소서
햇살 펑퍼짐하게 자리 펴고 누운 곳
물 담벼락 뒤뜰에 자작나무 기지개 켜는

가벼운 바람에 분홍치마 흔들며
수런거리는 잎들의 속삭임 돋아나는
신촌리 언덕 S로 오소서
꽃과 풀들이 벗은 발로 마중 나온다는

말없이 산 목련 웃어주고
짝짓기 끝낸 멧비둘기 휘파람 불면
그대 여기 무욕無慾의 성채城砦
S로 오소서

달고 쓰고 시고 고소한
전 생生을 다하여 건너온 그가
마침내 당도한 겸허한 신전神殿

물음표를 끌고 온 영혼들은
별처럼 푸르게 머물길 허락하고
하늘에 붙들렸던 기지개는
미루었던 쉼표가 되게 하소서

설중매 雪中梅

산골에 쏟아지는 공양미 삼천 석
누구의 공덕이 하늘에 닿았을까

통 큰 관세음보살님이
흰 눈으로 오셨는가 보다

우물 옆에 서 있는 홍매화
열여섯 연지 찍고 시집온
우리 할매 닮아 오른 얼굴

뉘라서 알아주실까
눈 속에 핀 붉은 사연을

감자옹심이

어르고 달랜 감자 무더기를
강판 위에 올린다

칼날 위 반듯하게 뉘여
뽀얀 몸 이리저리 밀어대면
갈리고 뭉개진 살들의 집합

지룩한 윗물을 거르고
건더기만 주저앉힌 옹심이
하얗게 분이 차오른
어머니의 반데기 정식定食

굶주린 날들의 초상肖像은 지워졌지만
별미식당 차림표에 칠천 원 적힌 옹심이가
아무도 모르는 추억으로 돌아와 있었다

호수와 바람

정라진

호수를 일렁이게 하는 바람이라면
난 그 바람을 사랑하겠어요
세상 어디에 가더라도 날 기억할 수 있도록
끝까지 사랑하겠어요

호수에 담긴 나무와 하늘과
흘러가는 구름까지 안아준다면
난 그 바람을 영원히 사랑하겠어요

태풍이 불어와 사라진다고 해도
나는 바람 그대로 호수에 남아
종이배 가득 담겨 있는
그대의 발자국을 기억하겠어요

사모곡

어머니는 내 삶의 영원한 빛이다
그 손길은 마음을 따스하게 감싸며
고요한 밤을 한 줄기 빛으로 채워주네

어머니의 미소는 수국꽃이다
섬세한 꽃잎 닮은 자애로운 얼굴
그 품속에 안겨 눈을 감으면
하루의 피로가 사라지는 마법이 시작되네

어머니는 따뜻한 햇살이다
가슴 가득 돋아나는 새싹처럼
희망의 단비를 내려주네

그리움이 사무치는 오늘
내 마음은 사막 같아
공중 가득한 햇살을 모아
천리 길도 한걸음에 달려가네

그대라는 비

비 오는 날엔
하얀 우산 펴들고
하루 종일 당신을 기다릴 수 있어요

큰길가 은행나무를 지나
내리막길 한참 걸어 내려와 버스정류장 앞에서
당신이 타고 오는 파란 차를 기다려요

비가 오면 돌아온다고 했던 당신 목소리
아직도 귓가에 생생합니다

비가 오면 시간이 난다고 했지요

그날 이후 매일 밤낮 비가 오기를 빌고 또 빌었어요
오월부터 태풍이 몰아치고
칠팔월에는 보름이 넘도록 비가 내렸지만
구월이 되고는 좀처럼 비가 오질 않았어요

오늘은 하루 종일 비가 내리니
틀림없이 당신은 내게 올 거예요
잠시라도 다녀가세요
바쁘면 그냥 이 길을 지나가도 좋아요
그러면 먼발치에서 당신 모습을 볼 수 있을 테니까요

당신이 보고 싶어 밤새워 쓴 편지
이제는 전해 주고 싶어요
지나가는 바람결에라도
내 마음 전하고 싶어요

세상이 끝난다고 해도
당신은 내게 돌아와 내 말을 들어야 해요
내게 있어 마침표는 너였다고,
한마디만 해줘요
난, 그 자리에 있을 테니까요

밤에 쓰는 편지

오늘 밤 당신에게 편지를 씁니다

식사는 잘하는지
잠은 잘 자는지….
당신이 곁에 없어서 나는
마른 우물처럼 쓸모없는 사람이 되어갑니다

말라버린 호수에
물고기가 살 수 없듯이
내 안의 심장은
점점 갈라 터지고 있습니다

당신이 누웠던 베개에 코를 묻고
천천히 들이쉬고 내쉬며
당신의 체온을 느낍니다

눈을 감고 가만히
당신의 목소리에 귀 기울여봅니다

그러다가 두 손 가득 당신을 안고
깊은 잠에 빠져듭니다

꿈속에서라도 한 번만 당신을
만날 수 있기를
우두커니
식탁에 홀로 앉아
당신의 이름을 불러봅니다

부칠 수도 없고 받을 수도 없는 편지를 오늘도 씁니다

행복한 하루

오늘도
당신을 만나 참으로 반갑습니다
그동안 당신과 함께한 시간이 눈물나게 고맙습니다

당신의 얼굴,
당신의 목소리,
당신의 미소까지
하나도 빠뜨리지 않고 기억합니다

내가 죽는 건 슬프지 않습니다
그러나
당신을 보지 못하는 건 정말 슬픈 일입니다

이렇게 하루하루 당신을 더 볼 수 있기를
매 순간 간절히 빌고 또 빌었습니다

당신이 좋아하는 커피를 함께 마시고
금계화 손짓 장단에 맞춰 산책을 하고

다정한 사람들처럼 자연스럽게 팔짱을 끼고
그 어깨에 기대어 당신의 체온을 느낍니다

이른 아침에 들어도 꿀이 뚝뚝 떨어지는 당신의 목소리에
갓 구운 빵처럼 향기로운 바람이 섞이면
오늘도 활짝 핀 수선화처럼
기분 좋은 하루를 시작합니다

월급 들어오는 날

이수진

한 달에 한번 짜릿한 순간이 있다
오늘은 월급 들어오는 날
한 달 동안 고생했던 시간들이
돈으로 보상받는 날이다
통장으로 돈이 들어 오면
나는 오만 가지 생각으로 들떠있다
친구를 만나 치맥하러 가야지
따뜻한 커피 한잔 마시면서 여유를 즐겨야지
며칠 전에 아이 쇼핑으로 봐 두었던
까만 샌들 하나 사야지
핑크색 여름 원피스도 하나 사야지
머릿속으로 돈 쓸 곳을 찾아 이리저리
계산기를 두드린다
그러다 보면 몸은 어느새 한 포기의 절임배추가
되고 만다
통장에 돈이 들어 와도 모두 내 돈이 아니다
며칠 안으로 빠져나가고 말 테니까
월세로 나가고 공과금으로 나가고

보험으로 나가고 통신비로 나가고
주유비로 나간다
역시 돈은 돌고 도나 보다
벌면 나가고 나가면 또 채워지는 게 돈인가 보다
그래도 한 달에 하루는
짜릿해서 좋다

해방된 날

일주일 중에 무슨 요일이 좋아? 물으면
나는 일요일이 좋다고 대답할 것이다
일요일 아침엔 7시가 지나도 알람이 울리지 않는다
출근에서 해방된 시간
늦잠을 자도 되고
아침밥을 안 차려도 된다
시비를 거는 사람도 없다
느지막이 일어나 집 앞 카페에서 브런치를 먹는다
자유로운 일요일을 보낸
월요일 아침, 새로운 긴장감으로 한 주일을 시작한다
내가 유일하게 즐거움을 느끼는 순간이다
일하는 시간만 반복 되고
휴식이 없다면
일요일도 의미가 없을 것이다
눈 부시게 쏟아지는 아침 햇살을
침대에 누워 게으르게 바라보는 시간이야 말로
한 주일의 고단함을 보상받는
선물 같은 시간이다

화이트 크리스마스

크리스마스 아침
함박눈이 내린다

세상이 온통 하얗다
나풀나풀 내리는 눈송이를 바라보며
하얀 미소를 짓는다

빈 들판도
빈 나무도
빈 마음도
모두 눈꽃 잔치로 빛나고
연인들은 두 손 잡고 거리를 누빈다

하얀 겨울빛은 언제나 황홀하다
세상의 허물도 죄도
모두 하얗게 덮으리라

뒤돌아보는 자신에게

성격이 급하지만 그 성격으로
무엇이든 무조건 해낼 수 있게 해주어서 감사합니다

힘들다고 짜증 내며 가끔씩 싸우더라도
먼저 이해하고 뒤끝 없이 먼저 말을 건네는
자신에게 감사하고….

겉으로는 강한 척하지만
사실은 마음이 여려서 혼자 울 때도 많았지만
그 울음도 자신에게 위로가 되어서 감사합니다
때로는 눈물이 더 강한 나를 만들었습니다
외로움의 공간에서 자신을 돌아볼 때
더 성숙해지는 나를 보는 것 같아서 감사하구요

외롭다는 말에 어울리는 말 '존재' 라고 말하고 싶어요
우리가 살면서 그런 일들이 참 많은데요
그것이 우리가 살아 있음을 말해주는 존재함이
아닐까 싶어요

부정을 긍정으로, 열심히보다 이제는 꾸준히~~
좋아서 하는 것보다 꾸준히 하다 보니 좋아지더라
열정적으로 살기 위해 노력해주어 감사합니다

시를 쓰게 되고 그 시가 실린 책이
세상 밖으로 태어나게 해줘서 감사합니다
더 좋은 글들을 쓰기 위해 늘 준비하겠습니다

주부 파업

"오늘 저녁은 밖에 나가서
맛있는 거 사 먹을까?"
결혼한 여자들의 속 마음은
맛있는 것을 먹고 싶다는 것이 아니다
매일 차리는 밥상 오늘 저녁은 쉬고 싶다는 뜻이다

퇴근하고 집에 오면 오늘 저녁은 뭐 먹을까?
하는 걱정이 앞선다
침대에 잠깐 누웠다 일어나려고 하는데
몸이 움직여 지지 않을 땐
그냥 쉬고 싶다

밖에 나가는 것도 귀찮다
가만히 앉아서 누군가
해 주는 음식을 먹고 싶다

정자의 기억력

한상대

낮부터 농주를 과하게 드신 어르신이
정자에 누웠다가 반지갑을 두고 가셨다

졸지에 버림받은 낡은 지갑엔
일만 원권 아홉 매, 일천 원권 여섯 매가 칼잠을 자고 있었다

쉬어가던 바이크족이 아니었다면,
때마침 순찰차가 정자 앞을 지나가지 않았다면,

큰 대자로 누워 코를 골던 지갑 주인은
경찰관이 다녀간 것이 꿈이었는지 생시였는지도 모를 테고
바이크족과 경찰관도 그 일을 잊을 테지만

땡볕을 등으로 가려주던 정자는
7월 어느 덥던 목요일 낮의 해프닝을 기억할 것이다

기억 도난사건

아침 일찍부터
파출소에 초등학생만 한 할머니 한 분이 들어오셨다

도장은 있는데 통장을 누가 훔쳐가서
뭘 사 먹고 싶어도 돈을 못 찾겠다는 말씀이시다

혼자 사는 게 이렇게 힘드시다며
아무것도 못 드셨다고 하셨다

"통장만 훔쳐가는 도둑은 없어요. 할머니"

윗주머니에 있던 만 원짜리 두 장 중 하나를 내드렸다
뭐라도 일단 사드시라고

한 장마저 드릴 걸 하는 생각이
점심때까지 갔다

할머니 기억은 누가 훔쳐갔을까
그놈 때문이다

파리대왕

벼름빡에 왕비 파리의 과거 사진이 붙었다

침 뱉고 맛보고 쪽쪽 빠는 집파리 초파리 똥파리가
콩밥처럼 까맣게 모였다

그중 하나가 말했다

"사람으로 치면
영부인 될 상이군"

물고 뜯던 파리들은
하던 짓을 멈추고 일제히 그를 쳐다보았다

그 파리가 한마디 더 했다
"마이클 잭슨을 닮았잖아"

다음 날 파리는 보이지 않았다

공범

2인조 절도범이
금고를 털었다

조장인 도둑놈이
장물을 뿜빠이하며
초짜한테 말했다

"야 인마, 이제 우린 고고고고고고공공의 적이야
무슨 말인지 알겠어? 어?"

"예, 형님"

꽃을 실은 트럭

얼레
저거시 뭔 상황이댜?

1톤 화물차에
싱싱한 배추 같은 젊은이들을
그득 실은 차가 순찰차와 마주쳤다

"아니 짐칸에 사람을 싣고 다니시는 게 어딨슈?"

"아유 한 번 봐주셔"

"아니 위험 하니까 그러쥬"

"그러지 말고 한 번 봐주셔"

"담부턴 그라시믄 못 봐드려유"

"고맙수"

적재함에 실려 있던 열댓 젊은것들의 표정이
일제히 꽃으로 피어났다

"감사합니다아~~~" 합창 소리에
엔진 소리가 묻혔다

뒤돌아선 경찰 얼굴도 벙긋 피었다

두부

김철홍

철문을 나선 오후
아무도 반기는 이 없다

낯선 여인숙에 들어가 저녁을 보냈다

완행버스를 타고 한참을 달려
허름한 고향 집에 도착했다

인기척 없는 집

방문을 여니
두부 한 모, 간장 한 종지가 소반에 놓여 있다

게걸스레 두부를 먹고
한숨 한 번 쉬고 바닥에 드러누웠다

밤늦도록 홀어머니는 돌아오지 않았다

오월의 밤비

밤새 창문을 두드리는 빗소리
함성인가 통곡인가
자식 잃은 어미의 절규인가

밤새 뒤척이다
창문을 열었다

찬바람이 텅 빈 공간을 감싼다

가로수는 푸른 잎을 떨구고
라일락은 향기를 잃었다

참혹한 겨울이 왔다

코스모스

꽃잎 하나도 떨어뜨리지 마라
네가 꽃 피는 모든 순간을 기다렸다

햇빛과 비와 대지와 벌레들도
네가 우주가 되는 순간을 기다렸다

지상의 시간이 끝날 때까지
바람 속에서 춤추다 별빛 속으로 걸어가라

한순간도 잊어버리지 말고
온 힘을 다해 강물 속을 헤엄치듯 춤추다 가라

마지막 여행

한 곳만 좇아가다
잠시 쉬며 당신의 눈빛을 마주합니다
절대 포기하려는 변명이 아닙니다

꿈을 이루지 못했다는 후회보다
당신을 더 사랑하지 못했다는 후회를
적게 남기기 위해서입니다

이 땅에서 마지막 숨을 쉴 때 나는
당신이 흐느끼던 모습을 떠올리며
미안하다는 말을 하겠습니다

슬퍼하지 말고 행복했던 순간을 떠올리며
그저 작은 미소로 나를 보내주면 좋겠습니다

그러면 나는 즐거운 마음으로 먼 길을 떠나겠습니다

회상

퇴근길 아빠에게 활짝 웃으며 아장아장 달려오던 아이
솜사탕을 들고 손으로 브이를 하던 아이

아빠가 사준 인형을 꼭 안고 자던 아이
처음 유치원 갔을 때 엄마 손을 놓지 않으려던 아이
아빠 목마를 타고 깔깔 웃던 아이

그 아이는 사진과 동영상 속에만 있다

커버린 아이는 아무 말 없이 학교에 가서
무표정한 얼굴로 밤늦게 돌아온다

그러다 곧 떠나겠지

인생이 다 그런 건데
아쉬워하는 나는 참 미련하구나

구두

김 설

날렵하고 코가 반짝반짝 빛이 나는
구두 한 켤레가 갖고 싶었다
미끄러지듯 아찔하게 뾰족한 굽은
나를 세련되고 멋지게 완성시켜 주었다
뒤꿈치가 까지고
발바닥의 굳은살쯤은 문제가 되지 않았다
굽은 점점 더 높아졌고
발은 더 이상은 못 버티겠다고 찌릿거렸다
운동화를 만지작거리다 다시 내려놓았다
이 한 뼘을 내려올 용기는
언제쯤 가질 수 있을까

인공호흡

숨이 잘 쉬어지지 않는다
몸에 이상이 없는데도 이상하게 몸속이 뜨거워진다
내 안에 채워진 양식들은 하나, 둘 땀이 맺히다 녹아내린다
십 년 넘게 이 집에 머물며 함께 했던
기억이 스쳐 간다
이 집에 처음으로 나를 데려온 그녀가
심정지가 온 모습을 발견하고
동동거리며
어디론가 전화를 걸고
얼마 후 내 몸을 옮기고 전원을 껐다
아 이대로 끝이구나

한 시간 후 정신이 들었다
여기가 어디지?
혹시 천국이 아닌가?
다시 숨이 쉬어지고 몸속에 생기가 돌기 시작했다
주위를 둘러보니 송골송골 땀이 맺힌 그녀가 보인다
손에는 먼지가 한 봉지 들려있다

십 년 넘게 숨 쉴 구멍도 내어주지 않고
일만 시켜 미안하다는 그녀의 말에
마지막 눈물을 떨구었다

나는 십 년 넘은 냉장고다

피치 페이스

그녀의 낯빛이 오늘은 좋지 않다
내가 보낸 하루에 따라
그녀의 낯빛도 달라진다
내가 맑은 정신으로 보낸 하루는
미소와 함께 얼굴엔 복숭앗빛이 물들고
정신없이 보낸 하루는
몇 년은 더 늙은 할머니의 모습이다
언제나 내 낯빛부터 살피는 그녀에게
또 들키고 말았다

그녀의 낯빛이 좋지 않다
정신없이 보낸 나의 하루 때문인 게 분명하다
그녀에게 복숭앗빛 얼굴을 선물하고 싶지만
내 맘대로 되지 않는다
내일은 복숭아를 닮은 그녀의 얼굴을 보고 싶다

10살 인생

자야 할 시간이다
공간을 가득 채우던 온기는 사라지고
텅 빈 마음만 집 안을 가득 채웠다

괜스레 눈물이 나고 온몸에 한기가 느껴졌다
내 나이 10살
인생의 첫 공허함과 마주했다

인생 한 잔

싱싱하게 잘 자라났다
누군가에게 선택되기를 기다렸다
삶의 가치를 찾아주겠다던 남자의 말을 철석같이 믿었다
뜨거운 통에서 온몸이 터져가는 고통을 견뎌야 했다
그러나 뜨거운 스팀은 몸속의 때를 남김없이 뽑아낸다
달콤했던 청춘도 가고 쌉싸름했던 이별의 통증도 사라졌다
한 모금의 에스프레소가 남았다
이제 우유 한 모금이면 다시 태어나는 인생도 완성이다

파워레인저

엄선미

하루 종일 숨 가쁘게 달려온
지친 몸을 이끌고,
구부정한 어깨로 터벅터벅
달빛 아래 보금자리를 찾아간다

현관문을 열자마자
'아빠' 소리와 함께 달려오는
천사들의 미소에
집안이 온통 환해진다

'삐비비비' 사랑 에너지 충전 완료
나도 모르게 울끈불끈
신무기를 장착하고
내일도 세상과 당당히 맞설 준비를 한다

나무의 통점痛點

움푹 파인 눈, 거칠고 단단한 피부에
오랜 기억의 조각들이 덮여있다
비와 바람, 햇빛과 추위 속에서
견뎌낸 세월의 무게는
깊게 파인 주름 사이로 스며들었다

고요한 침묵 속에서
눈물 어린 잎사귀에 별빛이 내려앉았다
바람이 지날 때마다
여린 잎 떨구며 고요한 울음을 삼켰다

차가운 달빛 아래
쓸쓸한 바람이 가지를 흔들었다
밤새 신열로 후끈거렸지만
여명이 밝아지면서
서서히 풍경 속으로 스며들었다

아플 수도 없고,
아픈지도 모르는 바보가 내 앞에 서 있다
단단한 껍질로 보호막을 두른 너는
작은 바람에도 흔들리는
물푸레나무였다

고요하고 따뜻한

숨소리조차 없다
소리 없는 여명이
어둠을 밝힌다

층층이 쌓인 눈,
겹겹이 얼어붙은 대지 위로
겨울비 쏟아진다

그대 가슴에
숨 한번 불어넣으면
봄이 깨어날까

겨울비에 취해
그대 마음을 훔치는 법을 잃어버렸다

사랑은 고요하게 밀려와
서툰 아침을 깨운다
다음 계절이 내 가슴을 헤치고 일어섰다

인연의 끝에 서서

은은한 달빛이 손끝에 닿았다
먼 수평선 끝에서 불어오는 바람은
서늘한 밀어가 되었다

죄는 단 하나,
심장에서 뜨거운 꽃을 피운 것이다

그대의 청아한 목소리에
소름이 돋았다

그대의 영롱한 자태에
눈이 멀었다

세상에 단 하나뿐인 별
그 별마저 사라진 하늘,

암흑이다

기억의 향기

생전 처음 나리분지에 올랐다
해발 984미터, 섬피나무숲을 향하여 걸어갔다
숲의 매력에 푹 빠져
떠날 것이 미리 염려되었다

신령수 약수터 가는 길에
섬백리향이 나를 기다리고 있었다
은은한 향기가 코끝에 스몄다

이곳을 떠나서도 나를 잊지 말라고 했다
섬백리향을 품에 안았다
너의 향기가 육지까지 따라와
내 방문 앞에 누워 있었다

달의 갱년기

박소름

춘곤증인가, 초저녁에 잠이 들었다
두 시간쯤 지났을까
머리부터 발끝까지 땀범벅이 되어
나도 모르게 잠이 깼다
커튼 사이로 비친 그믐달의 얼굴도 붉다
늙은 달을 깨물었다
뜨겁다
이빨이 아프다
너도 갱년기를 겪고 있나 브다

집 나간 부엉이

코끝까지 서리가 내린 11월
앞산 부엉이가
초저녁잠에 빠진 달을 깨웠다
부엉이 울음이 그친 건
폭설이 무릎까지 덮던 날이다
집 나가면 고생인데
우수 경칩이 지나도 돌아오지 않았다
꽃피는 날 짝 찾아 목청껏 소리치며
돌아오기를 기다려본다

아버지의 바지랑대

마당 빨랫줄에 김치 비닐봉지가 겨우내 휘날렸다
유년시절에 살던 아홉사리가 생각났다

흙 마당 바지랑대에는 일 년 내내 아홉 식구의 옷이 걸려있었다
비 오는 날에는 지붕 안으로 된서리 내린 날에는
마당을 가로질러 황태덕장이 생겼다
망치로 때리면 엿가락처럼 금방 깨질 것 같았다
막내 여동생 기저귀에 황금 지도가 그려졌던 날에는
강아지가 연신 쳐다봤다
빨랫줄은 가족의 얼굴보다 옷의 크기와 비누 냄새만 기억할 것이다
이사 가던 날 덩그러니 빨래집게만 큰 마당을 지키고 있었다
몇 년 전 고향 집을 방문했다
굳게 잠긴 담장 너머로 바지랑대의 흔적만 남아있었다

엄마의 장칼국수

아침부터 입에서 얼큰한 게 당긴다
어제저녁 두 번째 시집 출판기념회에
오랜만에 과음한 막걸리 탓인 것 같아 라면을 끓여 먹었다
퇴근길에 어제 행사에 참석했던 언니에게 전화를 걸어
무조건 자매칼국수 집으로 오라고 불렀다
장칼국수를 보자 어린 시절이 생각났다

아홉사리 초가집에 눈이 소복이 쌓이던 날,
엄마와 언니 오빠는 겨울 농번기라 가마니를 짜고 있었다
마디를 앞으로 한 번, 뒤로 한번 들고 짚을 매겨 끌고 가고
반대로 짚을 보내곤 했다
한쪽으로만 보내면 붕어배가 되었다
새참으로 먹을 칼국수를 한 쟁반 밀어 놓고 나보고 끓이라고 했다
솔개비를 아궁이 가득 넣어서 불을 지폈다
물이 설설 끓어 된장을 풀고 국수를 넣고 눈 치우는데 정신이 팔렸다
한참 만에 들어와 보니 불은 꺼지고 국수는 몇 가락 없고
걸쭉한 장국물만 흥건했다
오빠들의 놀림을 받으며 된장 밀가루 국을 먹었다

칼국수 집에서 오랜만에
한 숟가락 떠올린 장 칼국수를 먹다 보니
불현듯 엄마 냄새가 났다

만항역, 꽃 사냥을 가다

토요일 새벽 5시
만항역으로 꽃 사냥을 갔다

태백, 영월, 정선이 만나는 천상의 화원에는
야생화가 지천으로 피어났다

만항역에는 역장도 승무원도 없다
매점은 365일 연중무휴다
그곳에서 오래전에 키핑해둔 미소를 되찾았다

박주가리, 하늘나리, 긴산꼬리풀 만발한
해발 1,330미터 만항재에서
가끔 지인들도 만난다

야생화를 보며 시원한 바람을 심장 가득 불어 넣었다
이 순간 나 혼자 즐길 수 있는
세상에서 가장 크고 넓은 역전에 머문다

안개비가 삼킨 별

정든역

별이 숨어버린 그날 밤
자욱하게 안개비가
내리고 있었다

창밖 교회의 십자가도
불이 꺼진 지 오래되었다
하나님도 주무실 시간이
되었나 보다
앞을 가늠할 수 없는
안개비가 별을 삼킨 밤

내 마음도 갈 곳 잃어
밤새 뒤척이다
무릎의 통증을 베개 삼아
새벽잠을 들여놓았다

바람은 바람

흰제비꽃이 피어났다
바람에 휩쓸려 사방으로
널려있다
20여 년 불던 흰제비
바람의 색깔도 달랐다

힘이 빠진 무성한 가지 가지
다 잘라내고
먼지 바람 휘감아 훨훨 날아갔으면

바람은 바람이다
꽃은 꽃이다
소나무 가지 가지
무성하게 불던 바람이
하나둘씩 뽑히고 고인
웅덩이서 헤어나지 못하더니

바람은 바람
고목의 가지 가지 부는 바람에
걸터앉았네

안깔맨

그 동네 산 지 이십 여년
앞집 오빠 손 하나 까딱
안 한다고 한다
생긴 모습 자체가 까칠한
그 자체라고 한다
함께 사는 그녀도
고생깨나 했을 듯싶다
남들은 그런 그를 보고
진국이라 하는데
진국인지 까칠한 사람인지
아직도 헷갈린다
그런 그가 참 많이 변했다고 한다
나이가 들어가니 철이 드나 보다

늘그막에 행복을 찾을 수 있게
구불구불 구겨진
옷자락을 부여잡는지
살다 보니 별일도 다 있다

오늘도 해는 어김없이 떴다

아버지의 체취

채 여물지 않은 열두 살의 고단함이
나를 취하게 한다
"성민아, 논에 가자"
논에 약 주는 날이면
아버지는 어김없이 나를
데리고 나가셨다
아버지 말을 가장 잘 듣는
딸이었기 때문이다
고사리 같은 발로 논에서
첨벙첨벙 힘겹게 줄을 잡고
반쯤 끌려가며
아버지를 따라갔다
힘에 부쳤지만 참아가며
끝이 보이지 않는 논에서
뉘엿뉘엿 해가 넘어갈
때까지 일을 했다
돌아오는 길 논 한 귀퉁이에
자리 잡고 있는 웅덩이에서

저녁 반찬으로 우렁이를 잡았다
지금 생각하니 어린 시절엔
일에 묻혀 살았던 것 같다
육 남매의 넷째였지만
아버지는 늘 나를 데리고 다니셨다
돌아보니 지금 내 가슴
가득 남아 있는 건
깊고 진한 아버지의 체취였다

그리운 아버지
나도 어느덧 아버지의 나이를
삼켜가고 있었다

스멀스멀

하지가 지나자마자
장맛비가 시작되었다
비가 쏟아지는 보도블록 사이로
스멀스멀 힘겹게
기어가는 지렁이 한 마리
부부 싸움이라도 했나
빗속을 외롭게 기어간다
어디로 가야 할지 정해
놓지도 않고
힘겹게 기어간다
우리 집 문을
두드리면 우산이라도
받쳐줄 텐데
어찌 그리 고집이 센지
앞만 보고 기어간다
야속한 빗속을 묵묵하게 지나
민들레 이파리 아래로
몸을 숨긴다

엄마 생각, 꽃집 생각

강나루

인적 없는 거리,
한 여인이 고개 숙인 채 의자에 앉아
초점 없는 눈망울로 도롯가 좌판을
바라본다

어버이날을 맞이해
빨간색, 연분홍색 카네이션이 지나가는
손님을 맞이할 채비를 마쳤다
반대편에 효자손, 손가방, 허리띠도
주인을 애타게 기다리고 있다

시간을 거슬러 올라간
좌판 위의 70년대 광목 현수막엔
'꽃으로 퉁칠 생각 하지 마라 – 우리 엄마'가 펄럭인다
누구를 위한 경고일까

간절한 기도

여유로운 삶을 위해
한 사나이는
19년을 논두렁, 밭두렁, 집을 팔아
꿈을 샀습니다

이제는 꿈을 거두어야 할 시간입니다
유토피아는 비밀의 성,
도무지 알 수 없는 이들의 언어로
한 달, 두 달, 일 년, 이년,
기다려 온 세상이 뫼비우스처럼 제자리만 돌고 돕니다

꿈은 여전히 반복되는 기다림의 연속입니다
사나이의 속이 얼마나 타들어 가는지 알 수 없지만
마지막 소원이길 바라봅니다

희망이 두려움이 되지 않기를
덤덤함이 절망이 되지 않기를
제발 제발
꿈이 이루어지길 간절히 염원을 담아 빌어 봅니다

흔적 정리

'다녀올게'
아침이면 현관문 열고
혼잣말을 합니다

정갈하게 이불을 개고
싱크대와 방바닥 청소를 끝내고
내가 돌아와야 할
보금자리를 정리합니다

일상이 반복되는 귀가는
오늘 하루, 최선을 다해 살았다는
안식과 상처의 한 조각입니다
내일을 위한 삶의 흔적입니다

이십일 세기 넝마지기

이십일 세기
넝마 지기가 나타났다
투명한 페트 물병만 모으는 사나이는
오늘도 마대에서
하루 할당량 오십 개를 채우느라
블랙홀* 구멍 속으로 연신 손을 집어넣는다

내일은 몇 개의 페트 물병이 빨려 들어갈까?
한 개의 빈 물병을 어둠 속 톱니바퀴가
먹어 치울 때마다 탄소발자국이
하나-둘 지워지고 있다

*블랙홀: 쓰레기가 돈이 되고 재활용이 놀이가 되는 세상을 만들어가는 수퍼빈(주) 네프론 기계

어머니의 국수 라면이 먹고 싶다

유년 시절 어머니가 끓여주시던 국수라면이 먹고 싶다
옹기종기 온 가족이 모여 앉아
맛있게 먹었던
국수인지, 라면인지, 알 수 없는
오묘한 추억의 맛의 떠오른다

허기를 채우는 침묵의 젓가락질이 이어질 때
한 통의 전화가 걸려왔다
그 사이 국물은 흔적 없이 사라졌다
그렇지만 신병 훈련소 때 먹었던
스팀에 찐 라면처럼 게 눈 감추듯 먹어치웠다

"그래, 이 맛이야!"
기억할 수 없을 정도의 라면이 흔한 세상에
국수라면이 전해주는 맛은
구수하고 감칠맛 나는
만리장설萬里長舌에 마침표를 찍는다

오늘

이순희

오늘은 가슴 벅찬 날
오늘은 내 남은 시간의 첫날
오늘은 내 삶의 마지막 순간인 것처럼
살아야 하는 날

어찌 오늘이라는 선물을
헛된 욕망으로
보낼 수 있을까!

당연한 오늘은 없다
당연하게 여기며 살아왔던 내 모습
남은 인생의 잔액을
더는 낭비하지 말아야 할 텐데

사랑이라는 이름으로
살갑게 저축하며
남은 생을 살아가고 싶다

스마일 십자가

삶의 무게가 천근만근
덜어내고파 양푼으로
가득가득 퍼낸다

퍼낸들 또 욕심으로
채워지는 나의 십자가
비우려 애면글면하지만
한계에 부딪힌다

손톱 밑에 가시가 더 아프다
고통에 웃음 한 스푼으로 버무려본다
그래! 삶은 다 그러한 것,

슬며시 웃어본다

내 안의 나를 찾아

내 안에는 외로움과
쓸쓸함이 함께 살고 있다
내 안에는 풍족함과
빈곤함도 함께 공존한다

어느 날은 이런 것들이
미닫이문을 열고
살며시 고개를 내민다
스스로 의지와 상관없이
제 몸 하나 다스리지 못한
무엇이 똬리를 틀고 있는가

내 마음을 나도 모르겠다
때론 따뜻하고 온화하게
내가 사는 세상을
두말할 나위 없이
예쁜 빛깔로 물들여가고 싶다

블링블링

하늘에서 블링블링
땅에서도 블링블링
사방이 진초록인데

살아생전 노을 반짝이던
곱디고운 그녀
어찌 눈을 감았을까
어찌 다 두고 갈 수 있었을까

해마다 구월이 오면
가슴 깊은 상념을
어찌 이겨내라고
화석처럼 굳어지는 이 마음
어찌 감당하라고

서글픈 사연
명치에 박혔다
나는 블링블링
그 무엇에
홀린 듯 오늘을 살아간다

9월이 울고 있다

해마다 9월이 오면
자꾸 마음에서 9월을 밀어낸다

해마다 9월이 온다는 게
미워서 견딜 수가 없다
가슴은 이미 까맣게 타버렸는데

그럴수록 9월은 가슴속으로
더욱더 세차게 파고든다
밀어내면 밀어낼수록
뜨겁게 달라붙는다

마음 한 구석에서는
슬퍼하지 말라고
애달프지도 말라고 위로하지만
기억은 더 선명해진다

올해는 눈 질끔 감아보리라
너도 어쩔 수 없었겠지!
이제 나도 너를 보듬어줄게
이해해볼게
마음의 빗장을 열고 9월을
맞이해볼게

등을 읽었다*

이 달

"내 나이 구십 되도록
이런 경사가 읎었어유
감사합니다"

많은 말을 하지 않았지만
첫 시집 출판기념회 자리에서 꺼내신
아버님의 말씀은 커다란 울림이 되어
객석을 가득 메우고도 남았다

조용히 아버님의 등을 쓸어내렸다
아흔의 시간들이 숙연하게 따라왔다

생나무 꺾이듯 죽어가던 시간이
풀잎처럼 되살아나고 있었다

*김남권 시인의 '적막한 저녁' 제목 인용

따뜻한 저녁

동그란 밥상에 둘러앉아 콩을 고르던 겨울밤,
그런 날이 사나흘 지나면
부모님은 콩짜가리를 모아 두부를 만들곤 했다

타닥타닥 장작불이 튀어 오르는 여물 가마에서
콩물이 설설 끓어오르기 시작하면
무심하게 동그라미를 그리며 간수를 넣던 어머니

산 그림자가 마을을 덮기 시작할 무렵이면
양재기에 두부를 담아 이웃집에 심부름을 시키며
빈 그릇은 꼭 챙겨오라고 이르셨다

그날은 저녁은 집집마다 숟가락 부딪치는 소리로
온 동네가 배가 불렀다

어미 소도 콩물에 콩깍지가 가득 담긴 저녁을 먹고
게으름을 피웠다

고봉밥

혼자 밥을 먹다가 목이 메인다
입맛이 없어도 약은 먹어야 하니
찬물에 밥 말아 김치 몇 조각으로 한 끼를 때웠다는 엄마,

톡 떨어진 밥알 하나를 입에 넣다가 사십 년 전쯤,
텅 빈 됫박 바가지가 떠올라 눈시울이 붉어졌다
'소풍 간다'는 딸 도시락에 보리밥은 싸줄 수 없어서
엄마는 어슴푸레한 저녁 옆집 문턱을 넘어 인기척을 냈다
"쌀 한 됫박만 꿔 주세요"
"해 떨어진 지가 언젠데 재수 없게시리…"
빈 됫박 바가지를 들고 가슴을 쥐어뜯으며
칠흑 같은 어둠 속을 헤매다 돌아 나왔을 엄마,

사십 년이 훨씬 지났어도 막내 딸년 얼굴만 보면
그날이 생각나

햅쌀 한 됫박으로 고슬고슬한 밥을
밥그릇 수북이 퍼 담아도
봉분도 없이 가신 아버지 생각에 목이 메어
끝내 고봉밥 한 그릇을 다 비우지 못하신다

못질

가슴에 못 박고 싶지 않았다
그러나 지금도 탕, 탕, 못질하는 소리 들린다

외벌이로 자식 셋을 키워 보겠다고
짐승 같은 어둠을 걷어내며
아침밥을 안치던 어머니 같은 조리원 한 분을
앉혀 놓고
근로계약 만료통지서로 못을 박았다

가파른 계단 난간을 부여잡고 청소를 마치는 동안
병원으로 출근하는 게 일이라는
엄마 같은 위생원을 불러
6개월짜리 연장 근로계약서로 링거 줄 못을 박았다

탕, 탕, 탕
무타공 강력접착제로 벽에 걸려 있던
커다란 나무 액자가 거실 바닥으로 곤두박질쳤다
그 순간 지난밤 나를 찾아와
가슴에 대못을 박고 간 그 사람이 생각났다

11월이 오면

그리운 청량리역으로 가야 한다

막차를 타고 가서
5번 플랫폼에서 기다리고 있는 당신을
덥석 끌어안고
따뜻한 온기를 느껴야 한다

가끔 들른다는 샌드위치 가게를 지나
허름한 칼국숫집에 마주 앉아
추위와 허기를 달래야 한다

인사동 찻집에서
커피와 책 한 권을 손에 꼭 쥐여 주고
황급히 사라져 간 당신 뒤를 따라가야 한다

마지막으로 당신을 만나야 한다

생은 말로 다 설명할 수 있는 건 아니다

김봄서

능소화가 나 뒹굴던 무렵
여름이 강을 건너고 있었다

파란 문장에 눈물을 뚝뚝 떨구었다
아무것도 모른다

바람도 까치발하고 지나다녔다
때로 생은 말로 다 설명할 수 있는 건 아니다

해줄 게 그리 많지 않았고
그냥 모르는 척하거나 기다려 주는 것이
나을 때가 있다

달맞이꽃은 피고
우리는 계속 기다려 줌과 침묵으로
위로했다

봄비 닮은 그녀

봄을 닮은 눈빛 가진 그녀가 안부를 물어왔다

겨울을 견디느라 애썼다고
나를 보자마자 봄꽃 같은 눈물을 뚝뚝 흘려 주었다
향기로운 말을 잔뜩 걸어놓고 돌아갔다

종일 산을 씻고
대지를 씻고
강을 씻고
바다가 되었다

나의 어디쯤에서 새싹 같은 기운이 돋았다
입맛 돋고
마술처럼
걸어놓고 간 말의 향기가 배어 나왔다

녹아내린 꿈

뭉크러진 기억
계절 따윈 기억하지 않으려 해
애쓰지 않아도 이미 물 되었어

토핑 같은 추억 모두 잊으려 해
처음부터 우린 쌓을 수 없고 다다를 수 없었어
한때 에베레스트를 꿈꾼 팥빙수

삶은 더도 덜도 아닌,

화장장에서 엄마의 따끈한 뼛가루를 받아 들고 빠져나왔다

상황이 미는 목적,
보리밥집에 모여 비를 피하며 밥을 비벼 넣고
엄마 살림을 본격적으로 들췄다
공인된 무례함,

신속하고 과감했고 단호했다

처참한 목격,
칠십팔 년 삶의 흔적들이 순식간에 재가 되었고 처단됐다
아끼던 살림 내어가는데 끝내 엄마는 나타나지 않았다

분명해진 부재를 안 나는
기진해 누워 눈 굴리다 저녁을 차려 냈다
가슴으로 울다가 이성을 쓰고
또 울다가 산 사람은 말없이 먹어야 했다

삶은 그게 다다

눈물의 역할

눈물은 약이다

오늘처럼 심장을 꺼내 놓을 수 없을 때
나보다 먼저 나와 내 아픔을 어루만진다

눈 빠지게 누군가 그리울 때
앞서가 기다리고 있다

가슴이 터질 것 같을 때
먼저 터져 줄줄 새고 있다

내 진심을 가장 잘 알아채는

산골 살이 그녀

박여롬

겨울나무에 자주 눈길이 머문다
빈 가지에 눈을 맞춘다
누구의 솜씨인지
저마다 다른 공간을 향해 뻗어 있다

깊은 산골에 사는 사람들을 만났다
주인 없는 산밤나무 덕분에
밤으로 김치를 담는다고 했다
놀라웠다
생전 처음 맛보는 밤김치라니,

산골의 밤은 깊어 가는데
산골에 사는 사람들의 이야기는
점점 숲을 닮아가고 있다

우산, 꼭 챙겨야 해

어려운 시절이었다
아이들 어릴 때
엄마는 생업의 거친 벌판에서 억척이가 되었다
잘 키우고 싶다는 절박함은
겁 없이 용감하였다
바쁜 삶은 정작 어린아이들을 잘
돌보지 못했다

비가 오는데
멀리서 한 아이가 비를 맞으며
터벅터벅 걸어오고 있었다
불쑥 한마디 던졌다
것도 사람들 앞에서
'어떤 게으른 엄마가 우산도 안 갖다 줬네'
가까이 다가온 아이,
엄마의 사랑하는 아들이었다

시간 흐르고 흘러
세월 두툼해져 살림살이 폈는데
그때 챙겨주지 못한 우산
흐리기만 해도 아프고 미안해서
입에 붙어버린 말 '너 우산 챙겼니'
우산을 펼치면 눈물비가 내리지만
비에 적신 설움은
겸손의 자양분이 되었다

장미의 꿈

오월이면 어김없이 장미의 길에
꿈을 심었다

장미의 길을 따라 지난날을 돌아보았다
가시에 긁힌 흔적은 아이의 미래를 향한
흔적이 되었다

축하의 꽃다발은 화려했다
울고 웃던 우리에게
성장하는 삶을 가르쳐 주었던
오월,

장미의 계절에
붉은 생채기는 아물어 가고
참회의 눈물은 새로운 감동으로 다가왔다
아이는 반듯하고 성실해졌다

오월!
장미의 길에
꿈을 심었던
형벌 같은 길을 지나왔다

장미는 더욱 만발하고
무성한 꽃밭 너머로
낮은 노랫가락이 흘러나왔다

첫 대면

세상 한켠에서
글쓰기에 진심인 사람들을 만났다

설렘 반 기대 반
첫 대면은 낯설고 순진했다

선생님의 시집을 선물로 받았다
시를 읽으며 기가 죽었다

순수해지고 단순해지라는
첫 강의를
가슴 깊숙이 새겨 넣었다

얼굴도 모른 채 첫 대면을 하고
시를 읽었다
설렘과 기대는 때로 안도의 숨을 쉬게 한다

세상 한켠,
마음을 이어온 서로의 이야기들이
나를 여기까지 데려온 힘이 되었다

참 좋은 친구

품격으로 보면
가히 견줄 수 없는 고품격이다
선이 굵고
화려하지만 격조를 갖추었다
소리 없이 강렬한 자태는
카리스마를 느끼게 한다
살랑 바람을 타고 흐르는 향기는
어디까지라도 퍼져나가는데
오랫동안 가만히 너를 본다
해가 뜨고 바람이 불고
더러는 장맛비가 세차지만
차분한 영혼
아득한 곳으로 되돌아가고
오래전부터 너와 친구였다

모기

엄현국

네가 먹어야 얼마나 먹겠냐
네가 살아야 얼마나 더 살겠냐

그래!
먹을 테면 먹어봐라
이 몸이 썩을 대로 썩어 미라가 될 때까지

그래!
얼마든지 간질여봐라
때깔도 좋다는데

네가 살면 얼마나 살겠냐
그래
배가 터져 죽을 때까지
흡혈귀가 돼 보거라

낙엽처럼 떠나야 한다

그대여,
이제 가야 한다면 가야지요

더 이상 찾을 것도
더 이상 볼 것도 없는
누군가 밟고 지나간 그 자리,

이젠 더 이상 머무를 수 없어
정녕 가야 한다면 가야지요

저 푸른 능선 너머 영월의 뒤뜰이라도

눈물 되어 떨어지는
만추의 시간,

내 지나온 흔적들이 악몽처럼 부활하는
빙하의 심연일지라도
한 줄기 바람이 불어온다면
정녕 떠나야지요

서러웠던 순간 모두 풀어 놓고….

회상 1988

한 잔의 커피 속에는
한 아름 사랑이 숨어 있습니다

뜨거워 단숨에
마실 수 없는
젊은 날의 추억이 있습니다

섬강을 따라가며
푸르게 시린
하늘을 바라보던 꿈이 있습니다

무엇 하나 겁날 것 없던
청춘의 내 모습이
반짝이고 있습니다

돌이켜 보면

돌이켜보면 모두가 깨진 그릇투성이다
가슴이 찢어지고 머리가 터질 것만 같다
화창한 오월 하늘에 돌을 던질 일은 없다
죽음을 희망으로 삼은 나에게
"더 이상의 고통은 없으리라"
나는 굳게 믿고 있다
그러나
아! 하늘이여
무엇이 그토록 억울하여 눈물을 흘리나요
그냥 덧없이 왔다 가는 삶,
억제할 수 없는 분노가
죽음보다 서러운
용광로로 끓어 오른다

초여름 밤 모기들의 아우성은
깊어 가는데

낸들 어찌 알랴

구름은 어디에도 없었다
잿빛 하늘 뻥 뚫린 마음속엔
눈물만이 소리 없이 내리는데
어디 한 곳 의지할 곳 없었다

세찬 바람 거친 내 얼굴에 입맞춤을 해도
시원한 전율은 담 넘어 뒷산 소나무에서
살랑거릴 뿐
구름은 어디에도 없었다

낸들 어찌 알랴
구름 속 피어나는 그리움이
새록새록 안아주는 연인이라는 걸

본인의 위대함

이우수

모든 역사의 실수 앞에
나의 실수를 놓아보아도
역시나 내 것이 더 커 보입니다

그 실수로부터 지금까지
그래서 앞으로까지도
그것을 짊어지고 나아가기에는
무리가 있겠습니다

조급함의 절정

모든 에너지는
미래에서 발생하고

현재의 모든 공간은
미래로 채워집니다

신용카드로
AI로

한 달이 걱정이고
20년 뒤 일자리가 걱정이고
그래서 현재가 걱정입니다

누군가가 자꾸 써서 줍니다
돈 내라고, 명세서
핵심기술이라고, 뉴스 기사

"하루적정소화 불량이에요"

돈의 반대편에서

자연을 보기 위한 교통비는
돈을 의식하지 않고

노래를 듣기 위한 구독료는
돈을 의식하네요

아, 앨범은 돈을 의식하지 않네요

풀이 움직이는 만큼의 몸짓

한동안을 철근에 박힌 채로 기다리지만
마침내 온 바람을 느낄 새도 없이
누군가에게 꺾인 풀은, 그래서
태풍을 만나게 된 풀은

타인에 의한 움직임은 결국
이국의 땅에서 생을 마감한다

아름다운 이국에서의 삶을 짐작이나 했을까
도움이 되는 삶 또한 짐작이나 했을까

현재를 살아가는 그 몸짓이면 되었을까

'현재의 풍만함'이라는 꿈

현재의 생각들을
구체화하지 못하여도
어린아이처럼
이것저것 해보아도

늦은 나이는 없겠죠

戀 詩

박희영

햇살이 가득한 베란다 안
좁디좁은 선반 위에
올해도 어김없이 생감이 열렸다
붉은 홍시를 좋아하면서도
집 앞 쇼핑몰 으리으리한 슈퍼마켓에서
섣불리 무른 홍시를 사는 법이 없었다
생감을 여러 개 묶어 사서
햇살 가득한 가을 베란다에 수줍게 올려놓고
새색시 마냥 붉어지길 마냥 기다리다가
연한 속살을 살며시 드러낼 때에야
얇디얇은 껍질을 조심히 벗겨
윤기 흐르는 붉은 살을 취했다

초가집 앞 커다란 감나무를 탈탈 털어,
주홍빛 생감을 가득 품에 담아오면

어머니는 소년이 안아온 생감을
시골 낡은 초가집 처마 끝 마루에서
자식들이 배불리 먹기만을 바라며 살포시 널었겠지

아버지는 오늘도, 두 손 가득히 주홍빛 생감을 들고 온다

사진

천구백오십몇 년,
창경궁 비원으로 소풍 온
까만 학생모를 비틀어 쓴 학생이 웃는다

종로 화신백화점 앞,
하얀 도포를 동여맨 두 노인이
콧수염을 들썩이며 웃는다

신당동 판자촌 안,
금방이라도 물이 샐 듯한 빨간 다라이 안에서
어린아이들이 함빡 웃는다

답십리 비좁은 골목 안,
단발머리 아홉 살 소녀는
발가벗은 남동생을 뒤로 안고 함빡 웃는다

하얗게 반짝이는 커다란 건물 앞에서도,
스러져 가는 흙담 앞에서도
어디선가 늙어가고 있을, 한때는 젊었을,
그 노인들의 삶 속에도

빛내고 싶었고
빛나고 싶었던
웃음 함빡 띨 순간이 숨 쉬고 있었다고 한다

나는 바위다

굳은살로 태어나
흩뿌리는 붉은 햇살을
묵묵히 감싸 안은
나는 바위다

북풍으로 삭아진 주름에
모래알처럼 피어난 초록 잎마저
기꺼이 품어주는
나는 바위다

어두운 구름의
차갑고 거센 슬픔마저
온몸으로 폭포처럼 토해내는

나는 난초를 품은 바위다

봄의 대화

싱그러운 햇살 맞아
굳은 바람 밀어내고
푸른 잡초 속 보랏빛 들꽃을
기어코 들추어 낸다

이 아련한 계절은
타인의 언어

휘몰아치는 바람을 헤치고
창가에 매달린 차가운 거미줄을 벗겨내면
그대와 나의 대화는 완성된다

두부

나는 어두운 콩깍지 속 한 알의 열매로 태어났다
어둠 속 안락함이 익숙해진 어느 날
내 푸른 안식처가 찢겨나가는 아픔 속에서
누런 나체가 되어 세상 밖으로 튀어나왔다

뜨거운 햇빛에 타들어 갈 때쯤
투명하고 축축한 액체에 뉘여
한참을 잠들었다가

모질게 갈려 나가고
뜨겁게 타들어 가
그렇게 흔적 없이 부서지고 나서야
다시 태어날 수 있었던 것이었다

뜨겁게 부서지고 나야
비로소 새하얗게 태어날 수 있다는 사실을
운명처럼 깨달았다

갈바람

박무릇

여름과 가을 사이
8월 마지막 날

하이원 마운틴
1,340m에 올라
서로의 몸을 부여잡고
부처꽃 피워 놓고 하느님께 기도를 올렸다

산들바람이 불어와
마른 땅에 햇볕을 툭 건드리며
내 흰 머리카락을 들추고
하늘의 응답인 양 짓궂게 웃었다

가을을 어떻게 맞이해야 하나
턱을 고이고
하늘만 올려다보니
어디선가 달콤한 꽃내음이 코끝을 스친다

혹독한 뙤약볕에도
열흘 동안의 물 폭탄에도
매서운 태풍에도
쓰러지지 않고 버틴 나무들이 기특하다

살다 보면 생의 끝이 보이지 않을 것 같던
생의 터널도
지나고 보면 별거 아닌 걸 알게 된다

나이 들어가는 부부도 그렇다
아프면 아픈 대로
서로의 등을 쓸어주며
다독이다 보면
시간의 저편 종착역에 다다를 날 있을 것이다

항상 평행선으로 영원히 못 만날 것 같은
철로도
역에 도착하면

서로 만나고 다시 흩어진다
운명은 헤어짐이 있기에 만남을
기약하는 것이다

햇살과 바람,
사람들,
그들의 수다가 가득한
하늘과 땅이 하나 되는
하이원 정원에서
나만의 간절한 염원을 담아
부처꽃 한 송이 피워 올린다

가을엔

하늘에서 흘러내린
푸른 물감
목을 길게 뺀
노란 똥딴지 꽃잎 위에
뚝뚝 떨어진다

꽃잎에 파란 물이 들까
손사래를 친다

바람에 흔들리고 있는
이름 모를 꽃들도
안간힘으로 피어나다 말고
하늘 향해 목을 길게 늘인다

담장과 전봇대를
타고 오르는 잡초들
목숨 건 사랑을 하고 있다

눈이 시리도록 하얗게 피어난 구절초 꽃
나비를 불러들여
사랑을 완성한다

산촌 마을에서

한 해를 보내며
아버지 등이 그리워진다

겨울에 봄을 만난
햇살이
양지쪽으로
등을 돌리고 앉았다

텅 빈 들녘에는
멧새, 참새가 노닐고

하천에는
청둥오리 떼
물수제비뜨며 사랑놀이 중이다

구름도 비켜 간 하늘,
독수리가 낮은 비행을 한다

어릴 시절 보았던
아버지 나이쯤 되는
남자가

"천지에 이만한 등이 어디 있냐"
"우보천리 가자" 소리치며
넓은 등을 내어준다

주마등 走馬燈

겨울은
기다림과 그리움을
한껏 부풀리는
계절이다

화려하지도
초라하지도 않은
산골 초우당에서
서로의 눈 밑
주름살을 바라보며
우리에게
남은 시간을 확인한다

매서운 바람은
밀려들었다, 밀려 나가며
쓸어가고 남은
초우당의 흔적,

사랑의 무게만큼
은은하고 신비롭다

다가올 계절,
아픔과 친해져야 하는
당신 앞에 선
내 마음이 바쁘다

강천사 江天寺

댓돌 위에
겨울 햇살이 앉아 침묵하고 누워있다

대웅전 부처님께
삼배를 올리고 나오니
나를 따라온 손곡이
대광명전 벽화를
옛날이야기 하듯
신비의 세계로 이끌어 갔다

진리를 찾아 나선 동자는
끊어진 고삐를 쥐고
길을 나섰다가
소 발자국을 발견하고 따라가서
소를 찾아
진리에 도달했다는 심우도를 보았다

초롱초롱한 눈 깜빡이며
구수한 입담으로
신비의 세계로 이끌어가던
할머니가
그의 몸을 빌려왔다

소를 찾았으면
소도 잊으라

바다를 건너면
배도 잊어라

집에 도착해
카톡을 하려니
카톡 앱이 사라졌다

무엇이 잘못되었구나
아무리 뒤져도 없다

다시 앱을 깔았지만
그동안 주고받은 내용이
모두 날아갔다

심우도의 가르침에
카톡도 재빨리
비우라는 메시지를
알아들었건만

아직도
미련한 고삐를 잡고 있는
내게

삼천 배 덕분인가
기억만은 사라지지 않았다

완택산

손재연

완택산에 달 뜨면 저녁 이슬에 한을 묻고
머나먼 창공, 은하도 멈춘 적막에 휩싸인다

향수에 익은 정이 빠르게 달리는 밤
모닥불 타는 허공을 보며
파고드는 참회의 순간이런가

기울어지는 달빛을 밟으며
지나간 일을 홀로 되뇌인다

긴 이별

하이얀 꽃비가 내리던 날,
당신은 나를 두고 떠났습니다
그날은 바람 한 점 없는 날이었죠
난 목이 메인 채 먼 하늘만 응시하며 이건 꿈이라고,
소리 없이 내리는 비는 당신 떠난 발자국에 꽃비로 물들었죠
하얀 꽃비는 하얀 분결처럼 곱고 착한 당신을 닮은 모습으로
내 가슴을 적시네요
하루도 당신을 잊은 적 없는 내 가슴을 어찌하나요?
조석으로 당신 생각하며 꿈속에서도 당신은
나를 놓지 않으시네요
수많은 세월을 함께 견디며
살아온 세월, 이제 그만 나를 놓아주시면 안 되나요
매일 울면서 당신에게 용서를 빕니다
먼 세상으로 떠나서도 나와 함께 하시려나요
이젠 당신을 지우려고 날이 밝아 오면
당신의 그림자를 지워버리고
나만의 길을 가려고 합니다

그날의 보리개떡

세월은 화살 같이 지나
신록의 계절 오월이 찾아 왔네요
그 옛날 어머님 살아 계실 때
하신 말씀이 생각났어요
보릿고개에는 대부분의 사람들이
쑥 보리개떡을 먹었지요
세월이 지나 이 떡은 참 귀한 떡이 되었지요
먹고 싶어도 쉽게 먹을 수 없죠
이달 시인님이 건네주신 개떡이 바로 그때
어머님이 만들어 주신 떡을 그대로 닮았네요
오랜만에 어머님 생각하며
맛있게 먹었네요
오래전의 추억이 생각나 참 행복한
시간이었네요

전하지 못한 메시지

늘 손으로 메시지를 주고받던 지인에게
오랜만에 메시지를 전하려고
메모지를 찾았습니다
상자 안을 뒤지다가 정성 들여 접어둔 한 통의
메시지를 발견했습니다
왜 한동안 보내지 못했는지
살며시 꺼내 읽어봅니다
오래된 것은 분명한데 누구에게 보내려고 했던가
내용을 다 읽고 난 후에야
자신에게 보낸 것을 알았다
이십 여년 전의 6월 무렵이다
봄을 보내고 바로 초여름 문턱,
내 생일 달이었던 것 같다
그때도 며칠 동안 비가 내리고
바람이 불었다

소나무 사이로 바람이 불어와
스산한 느낌이 들었다가
갑자기 햇살이 돋아 나와
어리둥절했었다
그날의 메시지가 새삼 뜨거운 눈물이 되어
가슴에 사무치는 것은 무슨 이유일까귀의 가난

망상

차창에 몸을 가누며 오늘도 버스 안에서
창밖의 산야를 보니 갑자기 옛 생각이 그리워진다
어찌 그리 세월은 빠르게 주마등처럼 스쳐 지나갔는지
회한이 밀려온다

시간은 사계절을 회유하며 자유자재로 변신을 하고
나는 왜 한 계절이 다 지나도록
맨날 그 자리에 머물러 있을까

세월은 언제 지났는지도 모르게
잊고 지냈는데
새삼 거울을 들여다보다 낯선 사람 하나가
나를 바라보고 있다

달과 별을 보며 사색에 잠기는 밤,
적막이 흐르는 시간을 보내며
소나무에서 떨어져 구르는 솔방울 소리를 들으며
옛 생각에서 깨어나고 말았다

제2회 영월군 어린이 동시백일장 공모전 수상작품

대상
무릉초등학교 6학년 이송현 – 「친구들」

금상
옥동초등학교 2학년 윤서윤 – 「강아지」

은상
무릉초등학교 6학년 서은정 – 「비」
영월초등학교 5학년 정민송 – 「차별」

동상
영월초등학교 3학년 김지이 – 「장애인」
옥동초등학교 2학년 강민재 – 「잔소리」
무릉초등학교 6학년 김수지 – 「안녕, 새싹」
옥동초등학교 2학년 신윤기 – 「시는 어려워」
옥동초등학교 1학년 박주원 – 「달콤한 구름」

특별상
주천초등학교 2학년 박새봄 – 「방울방울 토마토」
옥동초등학교 2학년 윤다은 – 「수박」
옥동초등학교 2학년 권아리 – 「다양한 곡식 파티 열리는 날」
옥동초등학교 2학년 강소미 – 「최고다!」
옥동초등학교 2학년 오다원 – 「파랑」
옥동초등학교 2학년 이태성 – 「행복하다」
옥동초등학교 2학년 박우슬 – 「금파리」
무릉초등학교 6학년 홍성민 – 「우리 집 개구리」
무릉초등학교 6학년 홍수민 – 「부러움」
무릉초등학교 6학년 이나은 – 「어느 한 벚꽃나무」
무릉초등학교 6학년 신효인 – 「내 기억은 아직 2023년」
무릉초등학교 6학년 이시현 – 「새 학기」
무릉초등학교 6학년 정다영 – 「스승」

대상

친구들

무릉초등학교 6학년 이송현

내가 부르면 우다다다 하며 달려오는
강아지 같은 친구들
내가 뭘 하기만 해도 우르르 몰려와
강아지 같다

같이 공부를 하고 있을 때
문제가 어려워 우왕좌왕 헤매고 있을 때
도와주는 친구는 달 같아
내가 밤에 길을 걸어가고 있을 때
내가 가는 길을 밝게 비춰 주는 달 같아

친구는 별자리 같아
별자리는 별 사이사이
보이지 않는 선으로 연결돼 있는 것처럼
친구들과 나 사이에도
보이지 않는 선이
우리의 관계를 말해주는 것 같아

> 금 상

강아지

옥동초등학교 2학년 윤서윤

강아지
잔소리 대마왕 강아지
내가 일어나면
"밥 먹어! 지각!"
그럴 때마다 잔소리

내가 양치하면
"입 잘 헹궜어?"
"대충 헹구면 입 냄새나"
그 소리에 난 또 이상한 강아지
이렇게 하곤 도망가 버리는 강아지

내가 학교를 마치고 돌아오면
"야! 씻어! 땀 냄새나!"
그 말 듣고 무시하는 나

내가 치킨을 먹으면
"나도 좀 줘!"
"싫어"
"치!"
"나 먹으려고 사온 게 아니라 내 오빠 주려고 사온 거거든!"
"오빠에게 얻어먹던가!"
그렇게 짜증을 낼 거면
왜 나를 데리고 왔을까?
참 이해가 안 되네

> 은상

비

무릉초등학교 6학년 서은정

비 오는 날이 좋아요
습하고 축축하고 어둡고
내 인생 같아서
위로받게 되네요

비 오는 날이 좋아요
내 마음에도 비가 내리거든요
어둠과도 같아서
상처받게 되네요

뚝뚝 뚝뚝 뚜둑 뚝뚝뚝
뚝뚝 뚜둑 뚜둑
비 오는 날이 좋아요
내 마음은 투명한가 보세요

유리 구슬 같아서
들통나 버리네요

차별

영월초등학교 5학년 정민송

차별은 어둡다
엄청나게 오래전부터
자신을 가두고 있는 감옥이다

별은 빛난다
좋은 사람에게만 길을 열어주는
말과 행동

차별을 별로 바꾸어 보면 얼마나 좋을까?

동상

장애인

영월초등학교 3학년 김지이

괜찮아 이 사람은
스스로 절단한 게 아니야
모양이 익숙하지 않을 뿐
똑같은 사람이야
괜찮아 괜찮아
모양이 익숙하지 않을 뿐이야

잔소리

옥동초등학교 2학년 강민재

친구가 그런다
"왜 이렇게 했어?"

엄마가 그런다
"심부름해 와. 오늘 사올 거는 우유, 고기, 두부…"
사올 게 까마득하다

아빠가 그런다
"아빠 회사 다녀올 거니까 공부 10장 해"
또 힘들게 생겼다

'왜 나한테만 이러는 거야?'
잔소리는 이제 지겨워

안녕, 새싹

무릉초등학교 6학년 김수지

추운 겨울 지나 해님이 활짝 웃는 봄
많은 것들이 새롭게 시작된다

우리 반의 새 학기가 시작되었다
마치 빵 반죽처럼,

아직 완성되지 않은 빵 반죽이
사랑과 노력과 관심으로
예쁜 모양으로 만들어지고
오븐에 들어가 맛있는 빵이 된다

우리는 선생님의 사랑과 노력과 관심으로
많은 것들을 배우고
쑥쑥 자라 졸업식을 하고
어엿한 중학생이 된다

우리는 아직 어리고 어리지만
점점 강해진다
마치 새싹처럼

시는 어려워

옥동초등학교 2학년 신윤기

시는 어렵다
시는 왜 어려울까?
선생님이 아무리 알려줘도 어렵다

생각하고 또 생각해도 어렵다
시는 왜 어려울까?
내가 천재였다면 이해했을 텐데…

동시! 넌 누구야! 왜 나를 힘들게 하니!
나는 포기하고 다른 사람에게 가라!
나는 국어에 동시를
빨리 넘어
널 해치워 버릴 거다

시야 빨리 날 포기하고 가!
잘 가…
야호! 동시가 가니까 좋네

달콤한 구름

옥동초등학교 1학년 박주원

영월의 구름은 달콤한 구름

구름은 수증기
수증기는 구름

구름은 위로
수증기는 아래로

달콤한 구름을
한 입, 두 입, 세 입, 먹으니 달콤한 구름

솜사탕 구름

특별상

방울방울 토마토

주천초등학교 2학년 박새봄

초록초록 아기 토마토 새싹
화분에 꼭꼭 심어

물 듬뿍 해 듬뿍
무럭무럭 자라라

노랑노랑 꽃 피우고
방울방울 토마토
주렁주렁 달리고

알록달록 토마토 익으면
한 알 두 알 세 알 네 알
내 입에 쏙쏙!

새콤달콤 맛있는 방울토마토
나는 방울토마토가 제일 좋아요

수박

옥동초등학교 2학년 윤다은

여름 방학에는 바다에 놀러 간다
바다에서 수박을 먹는다

수박 한 입 먹고
수박 두 입 먹고

수박 세 입 먹고
수박 네 입 먹고

수박 다섯 입 먹고 나니
수박 한 통이 모조리 사라졌다
누가 모조리 다 먹었다
수박을 또 사야겠다

다양한 곡식 파티 열리는 날

옥동초등학교 2학년 권아리

가을 추수철
다양한 곡식의 파티 시작하는 날
가족들 서로 손잡고 춤추면

잠자리 스피커 노래 틀어주면
다양한 곡식의 파티 열리는 날
따스한 해 조명 비춰 주면

낮잠 푹 자며 쉬어주고 나면
파티 끝났다…
내일을 기대하며 안녕~

최고다!

옥동초등학교 2학년 강소미

주말이 무엇보다
최고다!
주말은 천국이다

일주일 중에 주말이
정말 최고다!
역시 집도 최고다!

엄마 아빠
짱 최고다
10시에 일하다니

역시 집
최고다!
하루 종일 놀고
또 놀아야지!

파랑

옥동초등학교 2학년 오다원

바다
파란 바다
시원한 파란 바다

하늘
파란 하늘
평화로운 파란 하늘

짹짹
파란 새
가벼운 파란 새

지구
파란 지구
우주에 있는 파란 지구

물감
파란 물감
하늘 같은 파란 물감

꽃
파란 꽃
바다 같은 파란 꽃

모두 다 내가 좋아하는 파란색

행복하다

옥동초등학교 2학년 이태성

나는 행복하다
엄마가 날 칭찬할 때
나는 행복하다
나도 엄마를 칭찬하면
엄마도 행복하다
그리고 나는 아빠랑 놀 때
제일 행복하다

아빠랑 축구하고
책을 읽으면
행복하다
엄마가 책을 읽어주면
잠이 솔솔 온다
또 침대에서 잘 때
이불을 덮고 자면
따뜻하고 행복하다

주말이 되면
학교 안 가고
집에서 놀 수 있고
마트도 갈 수 있고
놀이터도 갈 수 있어서
너무너무 행복하다

금파리

옥동초등학교 2학년 박우슬

어딜 가든 징그럽게
왱~왱 거리는 파리
파리채로 기회를 기다려서
때리고 싶은 이 답답한 마음!
더러운 파리
누가 좀 잡아줘요!

더러운 금파리
하필이면 왜
시체에 알을 낳는담?
구더기나 파리나 똑같구먼!
더러운 파리는 물러가라!
물러가라!
크캬캬캬컄!

아니

더러운 파리는
왜 사계절 동안 다~ 다니는 게야!
파리 같은 생물은 왜 생기냐고!
파리뿐 아니라
해충 모~두 없어져라

야~!
잡혀라!
잡혀라!
크아~!!!
헥헥!
힘들어 죽겠네
파리 이놈은 왜 안 잡히냐고!
이 바보 똥개야!
크릉!

아!
그 방법이 있는데
그렇게 하면 되지!
아빠!
파리 잡아주세요!

우리 집 개구리

무릉초등학교 6학년 홍성민

우리 집에 개구리가 나타났다
개구리가 우리 집을 폴짝폴짝
토끼처럼 뛰어다닌다
휘익휘익
우리 집 고양이가 개구리를 잡으려고
앞발을 번개같이 휘둘렀다
폴짝폴짝
콩알 같은 개구리인가 그런지
고양이의 공격에도 안 죽고
자연으로 돌아갔다
우리 집 개구리는 불사신!

부러움

무릉초등학교 6학년 홍수민

고양이는 부럽다
성인처럼
학교에 가지 않아도 되니까

강아지도 부럽다
파프리카처럼
싫은 학교에 가지 않아도 되니까

나도 우리 집 강아지 고양이
햄스터처럼
띵까띵까 놀고 싶다

어느 한 벚꽃나무

무릉초등학교 6학년 이나은

살랑살랑
봄날이 다가왔다
나는 하늘을 보다
벚꽃을 보며 생각했다
벚꽃은 꼭 구름 모양 같았다

벚꽃을 보다 문득 떠올랐다
분홍빛 꽃잎이 예쁘다
마치 날아다니는 나비처럼,

벚꽃을 보다 소나무를 번갈아 봤다
그런데 벚꽃은 더 특별했다
벚꽃은 봄에만 만날 수 있기 때문에

내 기억은 아직 2023년

무릉초등학교 6학년 신효인

성큼성큼
갑자기 이게 맞나? 싶을 정도로
2023년의 나에게는 행복한 일들이 많았다

3월 31일 내 생일에 친구들 열 명 정도
파자마 파티를 하고
4월 26일 5명의 친구들과 무리를 만들었다
그때 난 나비처럼 날고 싶은 기분이었다

5월 6월도 행복했다
7월, 안 좋은 소식이 나에게 왔다

이사, 쾅! 그때 갑자기 돌에 맞은 것처럼
내 심장이 덜컹했다

그 이야기를 듣고 난 뒤 난 영혼이 빠진 듯
우울했다
1월 5일 방학식 날 너무 슬펐다
오늘 이 학교가 마지막이라고 생각하니
금방이라도 울 것 같았다

그날 마지막으로 친구들과 에버랜드를 갔고
1월 26일 내 마지막 파자마 파티를 했다
시간을 멈추고 싶었다
이사 가는 걸 알고 나서
시간이 다람쥐처럼 빠르게 지나가고
2월 23일 난 이사를 했다
아직 내 기억은 2023년이다

새 학기

무릉초등학교 6학년 이시현

벌써 6학년
새로운 마음으로
신이 난 어린아이처럼 폴짝폴짝
학교를 간다

학교에 도착하고 버스가 도착한다
우리 반 친구들과 난
탱탱볼이 바닥을 튕겨가듯이 튀어간다

그리고 다시 학교가 조용해지면
꺄아아아 하고 시끄러워진다
우리 학교는 노래방

입학식과 개학식
이번 담임 쌤은 누굴까?
저분인가? 아님 저분인가?

해맑게 웃는 사람도 있지만
아, 선생님이 무서우면 어떡하지?
시험 결과를 기다리는 것처럼
걱정이 가득하다

스승

무릉초등학교 6학년 정다영

소풍에 가면
나풀나풀
나비가 날아다니고

산들산들
꽃들이 반긴다

뒤에서는
빌딩 같은 벚나무가
편히 쉬라고
자기 몸보다 큰
그늘을 만들어 준다

달빛문학회 연혁

2017년 3월 3일		달빛문학회 창립 초대회장 최문규 취임
		'나도 작가' 글쓰기 제1기 과정 개강
		최문규 김봄서 조인진 곽명자 이승연 이현정 이서은 원소윤 원정원 최바하, 지도 강사 김남권 시인
2018년 2월 25일		달빛문학회 제1집 『딸 부잣집 녹턴 소통법』 출판기념회
2018년 9월 4일		달빛문학회 제2집 『백석의 눈을 맞추다』 출판기념회
2019년 3월 1일		김봄서 시인 계간 문예감성 등단
2019년 9월 7일		달빛문학회 제3집 『얼음 판화』 출판기념회
2019년 10월 14일		김봄서 시인 계간 문예감성 등단
2019년 11월 24일		문학기행 - 정지용문학관, 진안 마이산
2019년 12월 27일		박무릇 시인 첫 시집 『꽃등』 출판기념회
2020년 6월 22일		문학기행-한용운 생가 문학관, 당진문학관, 보령
2020년 7월 27일		이서은 첫 시집 『잘 구워진 벽』 출판기념회
2020년 10월 30일		달빛문학회 제4집 『헤어 붓 칠 당하다』 출판기념회
2021년 5월 10일		작가와의 만남 - 이생진 시인
2021년 5월 21일		이서은 시집 『피노키오 기상청』(강원문화재단 생애 최초 지원) 출간
2021년 5월 24일		작가와의 만남 - 공광규 시인
2021년 8월 16일		김봄서 시인 시집 『벚꽃 기념일 습격 사건』 출간
2021년 9월 24일		달빛문학회 제5집 『보라색 별』 출판기념회
2021년 11월 3일		박소름 시인 첫 시집 『유문동 가는 길』 출판기념회
2021년 12월 24일		김봄서 디카시집 『하늘 매표소』(강원문학재단 창작지원금) 출간
2022년 4월 26일		작가와의 만남 - 이상국 시인
2022년 5월 21일		문학기행-김유정 문학촌, 만해기념관, 허균 허난설헌 기념관
2022년 7월 23일		강나루 시인 첫 시집 『쿤타킨테라 불리운 소년』 출판기념회
2022년 9월 24일		달빛문학회 제6집 『마음을 파는 가게』 출판기념회
2023년 5월 20일		작가와의 만남 - 김효은 시인(영월문화예술회관 소회의실)
2023년 6월 10일		작가와의 만남 - 손택수 시인(영월문화예술회관 소회의실)
2023년 7월 3일		강나루 제2 시집 『그달을 훔쳐 보다』(강원문화재단 예술 첫걸음 창작지원금) 출판기념회

2023년 7월 15일	문학기행 권정생의 집, 권정생의 동화나라, 이육사문학관, 회회마을
2023년 8월 24일	이서은 시인 제3 시집 『발자국 공작소』 (원주문화재단 창작지원금) 출판기념회
2023년 8월 26일	김노을 시인 첫 시집 『바람의 까닭』 (강원문화재단 예술 첫걸음 창작지원금) 출판기념회
2023년 9월 14일	달빛문학회 제7집 『멈춰버린 주파수』 출판기념회 (영월문화예술회관 소회의실)
2023년 9월 14일	제1회 영월어린이동시백일장 공모전 시상식
2023년 12월 5일	나도 작가 원주캠퍼스 달무리동인회 제2집 출판기념회
2024년 3월 12일	한상대 시인 첫 시집 『벼름빡 아고라』 출판기념회
2024년 4월 26일	박소름 시인 두번째 시집 『달의 눈물』 출판기념회
2024년 4월 27일	작가와의 만남 – 이흥섭 시인 초청 (나도 작가 원주캠퍼스 달무리동인회)
2024년 5월18일 – 19일 달빛문학회 비원문학회 합동 문학기행 (부여 부소산성, 낙화암, 궁남지, 신동엽문학관, 공주 무령왕릉)
2024년 6월 22일	이달 시인 첫 시집 『리라의 약속』 출판기념회
2024년 7월 29일	이서은 시인 디카시집 『카톡의 부활』 출판기념회
2024년 7월 30일	나도 작가 원주캠퍼스 달무리동인회 제3집 『말없는 말의 집』 출판기념회
2024년 8월 24일	정든역 시인 첫 시집 『꽃 피는 봄날』 출판기념회
2024년 8월 30일	나도 작가 원주캠퍼스 원주시민과 함께하는 나비의 날개 시낭송 콘서트
2024년 8월 31일	이정표 시인 두번째 시집 『정선역 가는 길』 출판기념회
2024년 9월 27일	이서은 시인 시집 『그 혀는 넣어주세요』 출판기념회
2024년 11월 7일	김파란 시인 첫 시집 『헤어질 결심』 출판기념회
2024년 12월 14일	나도 작가 원주캠퍼스 달무리동인회 제4집 출판기념회

지상의 시간이 끝날 때까지

펴낸날 2024년 9월 25일

지은이 달빛문학회
펴낸이 주계수 | **편집책임** 이슬기 | **꾸민이** 공민지

펴낸곳 밥북 | **출판등록** 제 2014-000085 호
주소 서울시 마포구 양화로7길 47 상훈빌딩 2층
전화 02-6925-0370 | **팩스** 02-6925-0380
홈페이지 www.bobbook.co.kr | **이메일** bobbook@hanmail.net

ⓒ 달빛문학회, 2024.
ISBN 979-11-7223-032-6(03810)

※ 이 책은 저작권법에 따라 보호받는 저작물이므로 무단전재와 복제를 금합니다.
※ 이 책은 2024년 영월군 지역문화예술지원사업 후원으로 발간(제작)되었습니다.

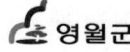